贵州电网
凯里麻江供电局数字化建模与绩效模式观察

王京刚 戈剑 ◎ 著

中国商业出版社

图书在版编目（CIP）数据

自主绩效：贵州电网：凯里麻江供电局数字化建模与绩效模式观察 / 王京刚，戈剑著. — 北京：中国商业出版社, 2020.1

ISBN 978-7-5208-1088-3

Ⅰ. ①自… Ⅱ. ①王… ②戈… Ⅲ. ①供电局—工业企业管理—研究—麻江县 Ⅳ. ①F426.61

中国版本图书馆 CIP 数据核字(2019)第 290201 号

责任编辑：杜 辉

中国商业出版社出版发行
010-63180647　www.c-cbook.com
（100053　北京广安门内报国寺1号）
新华书店经销
三河市长城印刷有限公司印刷

*

710 毫米×1000 毫米　16 开　18.5 印张　220 千字
2020 年 1 月第 1 版　2020 年 1 月第 1 次印刷
定价：48.00 元

****

（如有印装质量问题可更换）

自序

时光荏苒。第一次写下这个标题是2015年11月10日。彼时,我与戈剑(知名管理专家)、苏辙(知名管理专家)一起在麻江县调研了供电企业。初次到麻江县供电局时,正下着小雨,我们和林江华(时任麻江县供电局局长)在八楼会议室里开怀畅聊。下面的文字,是我整理出的当时的"麻江经验"。

青山遮不住,毕竟东流去

一、"麻江自主绩效模式"产生的时代背景

在供给侧结构性改革与央企改革的大趋势下,"十三五"期间央企加快了从资产经营到资本运营的改革步伐,各行业都加速了市场化进程。特别是自2015年《关于进一步深化电力体制改革的若干意见》中发〔2015〕9号文件(以下简称"电力9号文")推出后,未来中国电力市场,将会出现"发电企业、供电企业、售电企业"三足鼎立,且"你中有我,我中有你"的充分竞争局面。全国各地由电力企业、地方政府或资本机构成立的售电公司,近一年来迅速发展,与用户之间的交互呈现出"零

距离对接、去中心化、分布式发展"的趋势，冲击着原有的市场格局。

新的时代规则要求供电企业抓住竞争制胜的关键——效率与效益，从根本上加速变革的进程：

（1）供给侧结构性改革加速了售电业务的相对自由化，互联网技术的应用，使售电业务与客户需求实现了"零距离"对接。

（2）电改促发的新能源等模式，使供电企业进一步失去"中心"地位，供需关系颠覆了以往的模式。

（3）售电业务未来的"分布式"发展，促使供电企业从封闭转向开放，一方面要提高专业分工，另一方面也要快速灵活。

在这个背景下，麻江县供电局秉承"凡是资产皆有回报、凡是员工皆有绩效"的管理理念，开创了"从管理人到经营人"的绩效理念，实践了中国版的阿米巴经营模式，适应了时代潮流，业已成为行业内外诸多企业学习的标杆。

二、"麻江自主绩效模式"主要做法

如果从经营角度用一句话来描述麻江县供电局的绩效变革特点，那就是：市场竞争机制促使企业内部变革，用内部价值链取代行政命令式的运行体系。传统的经营体制最大的问题是：结构性缺员与冗员并存。权利集中在领导层，员工成为被动的执行者，上级与下级、企业与员工、部门与部门之间相互博弈；用户需求与公司各类职能相对离散，市场压力难以快速有效地传递到内部每一位员工身上。在此基础上的绩效管理，其激励效果犹如隔靴搔痒，不能改变企业运营的根本性问题。

麻江县供电局的创先模式，主要通过以下9个环节实现。

1. 组织调整——通过"去中心化、协同式分工、分布式决策"快速提高组织运行效率

去中心化：麻江县供电局在年初通过OGSM（宝洁公司管理方法）分解全年工作计划，将经营决策权下放给一线员工，由他们根据用户需求来自主选择工作任务。同时，用5W1H分析法对部门职责、岗位业务事项、业务频率、业务流程、业务表单以及业务信息系统等进行梳理。通过对岗位的核心职责进行梳理，把原来岗位职责中的各类模糊内容，细化成"业务树"，这种模式锁定了创造价值的关键内容，减少了无谓的组织规则与劳动过程。

协同式分工：员工根据用户需求，结合企业内部机制，让客户服务、安全监管等后台系统与用户需求有效衔接，使各职能体系紧紧围绕用户需求开展工作，大量低价值的岗位被合并或调整。"让听得见炮火的人来指挥战斗"，正是这样的管理逻辑。

分布式决策：在用户的需求链管理中，企业的基层、中层、高层根据任务性质不同，分别有不同的决策权限。无论是"上报"还是"审批"，依据事先定好的规则行事，既释放了全体员工的活力，管理层也越来越轻松。

可以想象一下：员工早上醒来第一件事，就是打开智能手机，登录工作系统，看看自己今天的"关键任务"、"完成的标准"及"时限"、"分值"分别是什么，然后点击确认，分配工作就像点菜下单一样容易。除关键任务外，员工还可以根据自身工作情况，自主选择其他任务事项。下班前，在系统中一键确认完成效果，系统即自动评价绩效得分。如此工作，何等轻松！

2. 绩效划块——通过内部市场虚拟定价，员工可自主选择目标，自主选择价值模块，有效实现个人绩效与企业绩效共赢

许多企业推行绩效，只是简单地把员工收入的20%或30%切分出来，作为绩效工资，期望这部分弹性工资能够促进员工的积极性。但是这部分工资额度有限，很难实现预期的激励效果。管理学中有一个"181原则"：从上小学开始，100名学生中前10名的人总是受欢迎，后10名的人总是不招人待见，至于中间80%的人，他们不断地观察是前10名还是后10名的人取得了现实利益，然后按着风向来选择自己的行动方向。所以，"管两头，控中间"其实是组织管理实践的关键。针对这个问题，麻江县供电局的做法值得思考。

第一，界定一条红线，也就是员工最低的绩效标准。

若考核成绩达不到60分，就要待岗学习，直至考核达标才能重新上岗，多劳多得，不劳不得。

第二，界定一条绿线，员工基础能力达标后，考核成绩为"优+"的员工，可以自主设计自己的目标收入，再由目标收入倒推任务，以此刺激自身能力升级，超劳超得。当这部分人成为标杆后，其他员工自然会向这部分人学习、靠拢。

例如，原本一个抄表的人的收入是X元，若他想拿到"X+Y"元，就要把这个Y对应的工作任务明确量化出来。给员工一个任务，这个任务的打包定价是1万元，那么他必然会为这1万元去想办法完成绩效。企业最核心的管理问题，是把组织绩效和部门的费用、员工的收入相联动。这样，核心员工的收入就会提高。而给核心员工加工资，必然会促使他多承担任务，也会促使他的能力增长。麻江模式打破了传统金字塔管理结构中

员工被动接受任务的现状，用积分和划小薪酬结构来对工作任务量打包定价。在与员工的管理互动中，不是首先强调员工应该做哪些任务，而是由薪酬包倒推出工作任务量。这就实现了从被动接受任务到主动认领任务，充分调动了员工的积极性，针对人力资源配置上的短板及员工的技能短板开发潜能，实现了个人绩效与组织绩效共赢。

3．流程优化——推倒部门墙，提高组织运行效能

在未来的供电行业竞争中，县局将成为最灵活的市场指挥部，而一线员工，无疑是供电企业最敏感的神经元，直接传输用户需求。未来，供电业务的主流程将会发生如下变化：前端竞争自由化，后台支持平台化。

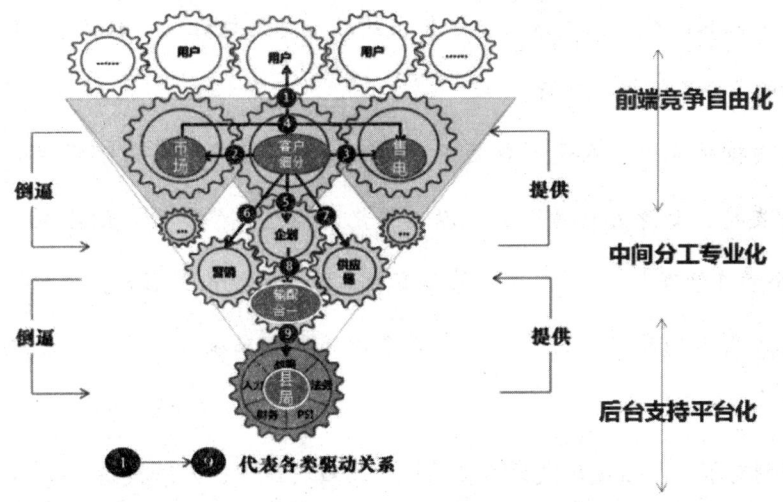

图 0-1 前端与后台示意

前端竞争自由化：售电公司带来的竞争将是多元化的、长期的，对原有市场的冲击将促使现有的营销模式发生变革，供电所作为一线营销业务单元，其地位至关重要——要想适应竞争需求，就要增加经营的柔性，做到快速"接单、做单"以适应市场需求。工作在第一线的员工，对用户的需求最清楚。例如抄表工在抄表时，可以同时发现设备功能、安全等问题，

可以跨职能、跨部门地及时上报给对口部门。若抄表工只管抄表，其他问题由对应的部门去排查、发现，就会造成大量的重复性劳动，效能极低。

麻江模式中，员工是连接供电公司与用户之间的"接口"，用户需求的"流量"，源源不断地从一线员工身上得以开发。营销模式从"以市场为导向"，进一步精确到"以用户为导向"。所以说麻江模式中，员工"倒三角"结构是一种迅速适应市场变化的柔性组织。每一位员工就相当于一节动车组，自驱动，自运转。中国南方电网在基层推行的平衡记分卡，它的标准化、模块化的管理模式，很难真正落地。事实上，以县局为代表的一线单位，讲究管理岗位和职能岗位越合并越好，一个岗位的职能越多越好，产出岗位越细越好，或者"创造价值的环节越细越好"，而不是员工被动执行的条令条例越多越好。

后台支持平台化：在这个背景下，县级供电企业为了给前端提供充分的资源支持，变身为资源平台，以扁平化的姿态，孕育出"设备主人制""安全责任经理""片区经理"等具有麻江特色的组织新形式。企业平台化是管理思维的改变，为员工主人翁意识的觉醒和确立，奠定了管理基础。

4. 薪酬变革——温度计式的增量绩效，用杠杆原理，无限提高人效

麻江县供电局采用"调结构、定规则、加杠杆"的方式，解决薪酬分配难题。林江华局长介绍说，麻江县供电局采用"五人工、三人干、四人薪"的分配原则，加大了弹性工资的比例；同时，把员工"发现问题、解决问题"而获得的绩效得分，作为薪酬来源的基本依据。麻江县供电局的员工，可以清晰地进行工作量核算，准确地测算出自己的收益，仿佛拿着一个温度计，自己时刻掌握着温度的变化。温度计对外，能反映从市场上

抢占的份额量;温度计对内,则反映员工为增加收入而付出的热情和努力,最终会体现在个人薪酬的变化上。对组织而言,这是企业价值分配的一个重大变革。如基层组织想要加人,那企业可以给出两个选择,一是加人,二是加钱。基层组织的负责人当然会选择只加钱,不加人。

长久以来,电网企业的年度薪酬总额相对较难突破,激励空间有限。很多企业经常犯一个错误:经营绩效越差,就越不给员工涨工资。如果工资不涨,优秀员工就会失去积极性,造成优秀员工的"隐性"流失。电网企业不能像民营企业一样采用股权等激励模式刺激员工的积极性,也不能大幅度、大面积提高全体员工的薪酬水平,但可以适当提高核心员工工资。在这种情况下,核心产出职位的薪酬成本增加成为必然。

当前,麻江县供电局考核成绩为"优+"的员工越来越多,员工定员定编的总量,仅为中国南方电网平均值的60%,这是央企人事改革的一个极其成功的案例。

5. 经营会计——用预算机制和统筹方法推动"划小单元,独立核算",强化员工经营意识

有些供电企业到麻江县供电局学习之后,套用了一些工具和表格,回去后发现无法操作。其实他们忽略了一个深层次的因素:麻江模式需要精简而又高度符合经营逻辑的预算体系支撑。无论是工时核算,还是员工的工资划小,或者员工收入的盈亏平衡点,都需要用会计的思维来进行考量。从"划小核算"的角度来说,核算,是需要公式的:收入项-支出项=收益。这个公式的关键要素对麻江县供电局的员工来说,就是"收入项","支出项"到底包括哪些内容,制定它们的依据又是什么,即"标准工时和标杆薪酬"。"标准工时"衡量的是效能问题,"标杆薪酬"衡量的是

收入盈亏平衡问题。这就仿佛给了员工一张"收入地图"：我做什么，做到什么程度能拿到什么收入。当时麻江县供电局主管营销的副局长曾加劲同志介绍说："一位抄表工要想多赚一些钱，就需要学会打算盘：如何统筹当天的行动计划，如何优化行进路线，如何在有限的时间里多创造价值。"员工学会了"打算盘"，最终会强化自我经营意识。评判一个企业是否优秀的标准有很多，但其中有一点很关键，那就是员工的素质当量。高素质的员工是自我驱动性很强的，自我驱动性强的员工越多，企业成长的加速度就越快。

6. 经营分析——建立 PDCA 经营管理机制，快速完成业绩改善循环

从 PDCA［由休哈特博士首先提出的"计划（Plan）、执行（Do）、检查（Check）、处理（Act）"循环系统］到 OODA［美军上校飞行员包以德发明的"观察（Observe）、调整（Orient）、决策（Decide）、行动（Act）"系统］。OODA 这一军事领域的战术用词，今天正在被麻省理工等高校作为重点课题研究推广到商业领域中。空战中信息瞬息万变，必须比对手更快、更细致地完成战术动作，才能克敌制胜。

中国南方电网的经营理念是：社会效益优先，企业效益为重。如何更快捷高效地确保效益的实现，成为供电企业突破自身管理瓶颈的关键。

麻江县供电局的循环改善机制遵循"计划驱动、精准执行、及时复盘、改善提高"的准则。当下有个流行的管理名词叫作"复盘"。复盘原是围棋术语，大意是每次下完棋后，重新梳理思路，总结前面的经验教训，以此提高自己的棋艺。麻江县供电局通过 OODA 经营分析，让员工都懂得"日事日毕，日清日高"，不断挑战新的经营高度。当人人都能为市场负责、为用户服务，人人都能拿到满意的薪酬时，正如张瑞敏先生说的"小河有水大河满"，企业的效益必定会有所突破。特别是"电力9号文"

出台后,售电侧的改革势在必行,供电企业必须快速打造核心竞争力,才能适应未来更加复杂的市场变化。

7. 人才培养——员工创客化,思想自由化,组织平台化,管理教练化

走进麻江县供电局的业务模拟教室,你会发现这里有《标准化供电所的一天》《营销班长365管理法则》等多个自主开发的沙盘教学课程。

在人才培养方面,麻江县供电局又一次跳出了传统的人才培养模式。传统模式强调战略决定组织,组织决定人才。人才是为组织价值被动服务的,没有依照自己意愿选择岗位的权利。麻江县供电局推出的"工作能力 + 工作意愿"模式,强调员工对工作内容,或者说岗位有相对选择权。员工想学什么、想干什么,企业就给他提供机会。员工可在"绩效积分制"中发现自身能力不足,更能激发其学习的动力和积极性。麻江县供电局对于超过20人规模的培训需求,会将员工集体送到专业的培养机构去学习。低于20人规模的小众培训需求,则在局内部采用师傅带徒弟的模式进行培训。内部授课之前,先由管理层对课件和授课内容进行评审,并限定培训周期。之后对培训结果进行绩效评价,兑现激励措施。这体现了互联网时代的一个人力资源特征:员工创客化,思想自由化,组织平台化,管理教练化。原来靠金字塔构建的权力,将被平台领导力所取代。

8. 信息系统MyWork系统——大数据时代

麻江县供电局自主开发的MyWork信息系统,涵盖了经营管理的各个模块。特别是员工的手持终端,能使任务可视化、成果明确化、激励及时化。例如,员工砍树护线,只要把砍树的照片上传到系统里,配以简要的文字说明,就可以证明自己做了这项工作。再如,员工主动在水塘边的电线上做一个预防触电的警示标识,做完后将图片上传到系统里,一方面说明自己做了这项工作,另一方面其实也是一种积累。积累什么呢?大数

据!例如,一个抄表工,在抄表的过程中根据用户家里的用电设备结构就可以推测出它的用电量规律,可以预测下个月的用电量,或是给用户提供其他增值服务。当然,麻江县供电局的信息系统内容远比这里描述的要丰富,并且也极具在系统内推广的价值。它解决了供电企业外围作业粗放、精细化程度不高,管控不及时等一系列问题。而这些问题,是供电企业多年以来都无法解决的顽疾。如果再从大数据角度出发,这套系统的价值,应当如何估量呢?

9. 经营哲学——敬天爱人,用文化经营人心,心安便是天下

如果你去过麻江供电局的办公楼,你会发现两个特别的场所。一是餐厅的墙上,到处是《朱子家训》中的持家格言,如:一粥一饭,当思来之不易;半丝半缕,恒念物力维艰。凡是职工家的孩子,都可以凭学习成绩单在餐厅免费就餐。二是"七彩虹"儿童学习室。孩子下课后,因父母加班等原因,无人看管,麻江县供电局把这些孩子集中到七彩虹学习室,由其中年纪较大的孩子组织大家学习。学习结束后,由一个职工家长把所有孩子送回家。这件事情看似很小,但却解决了职工生活与工作中的一个大矛盾。只有这样,在出现紧急抢修、临时加班的情况时,职工才能安下心来。当你看到职工脸上的微笑,还有嘴角上扬表现出来的幸福感时,你会发现麻江县供电局的模式,已经不再是单纯的绩效突破,也不仅是管理的变革,而是一次经营哲学与人性的变革——维小家,为大家!

万家灯火,南网情深。麻江县供电局正在实践的经营模式,正是南网战略在基层的实践版本。日本经营之圣稻盛和夫先生说:"成功的结果(人生)= 正确的思维方式 × 热情 × 能力。"那么,人的热情从哪里来?人的能力从哪里来?人的正确的思维方式从哪里来?源头活水,用文化经营人心!无论是职工的小家和谐,还是组织大家庭的和谐,心安便是天下!

麻江县供电局是南方电网创先活动孕育出的有着"利事、利他"的组织灵魂的企业,通过科学的绩效模式变革,为员工创造可持续发展的平台和成长环境,不断发掘员工潜力,提升企业运营能力,实践着南方电网"万家灯火,南网情深"的核心价值观,以客户为中心,承担社会责任,点亮万家灯火,给社会带来光明和幸福!

青山遮不住,毕竟东流去!北宋神宗时期,王安石力主变法,提出了"天变不足畏,祖宗不足法,人言不足恤"这三句振聋发聩的名言。组织的变革,需要领导者一如继往的恒心和魄力!

祝愿麻江明天会更好!

2015年11月10日

麻江县供电局隶属于中国南方电网贵州凯里供电局,秉承"凡是资产皆有回报,凡是员工皆有绩效"的管理理念,抓住供电行业未来竞争制胜的关键——效率与效益,从根本上加速了供电企业精益化转型变革的进程,适应了时代与行业发展的大趋势,实践了中国版的阿米巴经营智慧,开创了"从管理人到经营人"的自主绩效理念。麻江县供电局通过自主绩效的三驾马车:"划小核算单元+全业务计划+大数据业务信息平台",建立了市场"倒推机制"与精细化的"过程量化"标准,明确了4321模型业务管控重点,优化了作业流程,各项管理指标不断提升,实现了员工与企业共赢的组织和谐,业已成为行业内外诸多企业学习的标杆。

王京刚
2019年3月1日于南航CZ3907

目 录

第一章 麻江县供电局"自主绩效"形成的背景 / 1

第一节 时代对领导者资质提出更高的要求 / 3

一、人才争夺战：楚才晋用，核心人才加速流动 / 5

二、业绩保卫战：环境变化，如何持续精实增长 / 8

三、价值观念战：电网人的"活法"和"干法" / 14

第二节 划小核算，在最小的细胞上统一责、权、利 / 27

一、划小核算单元是市场催生出来的科学管理机制 / 27

二、划小核算单元是基于信息共享的小单元作战 / 31

三、划小核算单元需要哪些新思维 / 33

四、用"划小核算"实现资产实物管理和价值管理的统一 / 42

第二章 建立"以客户为中心"的平台型组织 / 51

第一节 组织调整的原则与流程 / 53

一、麻江县供电局组织结构存在的不足之处 / 55

二、组织调整的原则 / 58

三、面向客户的流程型组织 / 65

第二节 积沙成塔：组织调整需要一步一步来 / 68

一、"去中心化"，重建企业业务流程 / 68

二、"协同式分工"，用市场促进机制锁定用户需求 / 72

三、"分布式决策"，制定企业权限规则 / 75

第三节 组织调整和职能优化的成果 / 78

一、优化了生产组织方式 / 78

二、优化了组织结构设置 / 79

三、依据定员完善设岗定编，消除冗员现象 / 79

四、"业务管控树"让干部员工心里"有数"了 / 80

第三章 构建经营地图：打造全员经营的工作任务体系 / 83

第一节 从管理到经营——回归经营的本质 / 85

一、麻江县供电局的"快思维"——如何抓住管理重点 / 86

二、麻江县供电局绩效管理的实践意义 / 95

第二节 种一棵业务树——用OGSM形成年度业务计划 / 98

一、年度经营计划制订的框架思路 / 98

二、OGSM执行工具为应用经营计划锦上添花 / 99

第三节 铺一条创先路——用对标管理提升经营水平 / 104

一、打破思维的天花板，探索绩效新思路 / 104

二、用对标管理实现"预实差"管控 / 105

第四节 建一个指标库——指标库是员工绩效的金矿 / 115

一、千斤重担大家挑，人人身上有指标 / 115

二、建立一体化的职能分解表 / 119

第四章 基于划小核算的绩效薪酬一体化 / 123

第一节 抢单机制——培养内部创客进行自主经营 / 125

一、全面实行"抢工分"制度，通过"内部市场化"激活组织活力 / 125

二、抢积分制，让员工主动想事、主动找事、主动干事 / 130

三、"抢单机制"模式的本质是自主经营 / 133

第二节 薪酬划块——划小薪酬结构，增加价值吸引力 / 135

一、薪酬分配及考核模式从"6211模式"到"零百模式"的转变 / 135

二、麻江县供电局当前正在探索的新型价值分配模式 / 139

第三节 自主经营的支撑体系 / 150

一、提升心性的价值观考核 / 150

二、积分B分模式 / 160

第五章 精益管理，形成业绩改善的良性循环 / 167

第一节 活学活用：精益管理理念的应用 / 169

一、追根溯源：精益管理的哲学思想 / 170

二、以"问题发现与解决"为主导的精益实践 / 175

三、绩效改善系统为麻江县供电局保驾护航 / 178

第二节 麻江县供电局巧用"六西格玛"管理技术 / 181

一、麻江模式奠定实施"六西格玛"的基础 / 182

二、麻江县供电局为绩效"加杠杆" / 186

三、麻江县供电局"精益管理+六西格玛"绩效效果 / 192

第三节 麻江县供电局精益改善的创新思路 / 194

一、《麻江县供电局供电所定编测算思路及方法》/ 194

二、麻江课堂:《学会发现问题》/ 196

第六章 数字化转型的基础——麻江县供电局的信息化管理实践 / 201

第一节 四原则、两阶段，加快信息化管理步伐 / 203

一、麻江县供电局信息化管理的"四化原则" / 203

二、一步一个脚印——麻江县供电局信息化推进的两个阶段 / 206

第二节 麻江县供电局信息化管理的三个创新特点 / 212

一、建立了"1+1>2"的信息共享平台 / 212

二、抓住核心管理——"一日核算"给员工赋能 / 213

三、迈向知识化管理阶段：管理信息化与虚拟会计 / 215

第三节 万物互联——供电企业拿什么迎接时代的挑战 / 219

一、供电企业重大威胁——售电公司长尾变全尾 / 219

二、大数据时代——电力行业搭载信息"顺风车" / 228

第七章 从"企业文化"到"经营哲学" / 233

第一节 麻江县供电局文化变革的三驾马车 / 235

一、文化变革——构建企业文化体系 / 238

二、领导变革——给员工创造好的变革环境 / 242

三、环境变革——改变环境之上的环境，让员工行为有效改变 / 245

第二节 让每个人都在旋涡中工作 / 247

一、时代多改变，观念紧随其 / 247

二、以文化引领的价值观变革 / 250

三、案例：变电管理所如何将困境变新局 / 252

第三节 提高心智，用"利他之心"启动变革 / 255

一、洞悉员工心理，把握企业变革第一步 / 255

二、怎么沟通才有效——沟通变革与文化变革双管齐下 / 257

第四节 国企改革的方向：实现追求价值法则 / 262

一、麻江模式对国企绩效薪酬改革的借鉴意义 / 262

二、未来企业的新动能 / 267

三、未来企业需要有主人翁意识的员工和企业家精神 / 268

参考文献 / 273

第一章 ▶▶▶

麻江县供电局"自主绩效"形成的背景

KPI 自主绩效
贵州电网：凯里麻江供电局数字化建模与绩效模式观察

本章内容提示

在变革与颠覆成为常态的今天，电网企业的管理模式需要打破传统思维模式，积极拥抱变化，以客户需求为中心，注重平台效应，以求在电改与"数字化转型"的新形势下，保持最大竞争力。面对新时期的三场攻坚战，"麻江人"积极寻找自己的干法和活法，重新寻找工作的意义，引入"班长的战争"作为变革之首，将企业与用户的关系直接简化为员工与用户的关系，一方面解决了内部人力资源管理的症结，另一方面也积极适应了外在的时代挑战。

◈ 时代对领导者资质提出更高的要求

◈ 划小核算，在最小的细胞上统一责、权、利

◈ 麻江访谈录之《经营需要洞穿岩石一样的意志》

第一节 时代对领导者资质提出更高的要求

四方楚歌声，海上千烽火。持续至今的"电力体制改革"以及"数字化转型"，是电力行业变革的两项关键动能，势必一波又一波地冲击着电力市场，带来无限的商业变革。

第四次工业革命正在加速改变世界，引领生产模式和组织方式的变革。第四次工业革命的创新技术也将深化应用至电力系统的各个环节，对电网作业模式、企业管理流程再造、企业组织结构变革等方面产生深远影响。主要表现在以下两个方面。

首先是数字化转型——电力行业的时代选择

数字技术是第四次工业革命的核心技术，数字化转型已成为未来能源及电力企业发展的关键战略。

南方电网公司信息部主任娄山表示，数字化可简单理解为数字化建设和数字化转型两个阶段。

数字化建设，就是把做的、看到的、听到的和感受到的信息用数字终端、传感器通过通信网络、数字处理平台形成可供信息系统使用的数据资源，是数字化的基础。数字化转型，就是利用大数据、人工智能等先进的数字化应用技术对海量数据进行分析、学习、计算，通过应用系统自动决策和执行，是数字化的目标和成果。

当前，云计算、大数据、人工智能、物联网等技术的应用已将电网企业引至第四次工业革命的入口，通过"全要素、全业务、全流程"的数字化转型，将电网生产、管理、运营等能力进行有效集成并实现数字化、智能化，是电网企业向智能电网运营商、能源产业价值链整合商、能源生态系统服务商转型的重要支撑。

其次是电力体制改革——电力市场的一次新商业革命

当前电力体制改革按照"管住中间、放开两头"的体制架构，推进输配电价改革，推进电力市场建设，组建电力交易机构，放开发用电计划，推进售电侧改革，加强和规范自备电厂建设，每一项措施，都对电力产业的参与者产生了深远影响。在售电侧改革的推动下，社会资本的进入，催生了大量电网企业以外的售电公司及其他综合能源服务公司，打破了电网企业在配售电领域独家经营的局面。

售电侧改革后，售电公司如雨后春笋般崛起，它们以用户需求为核心，开启了对新零售时代的探索。行业面临秩序重组，而体系庞大的传统电力企业对这一现象难以迅速适应，没有及时出台相应的措施。市场的多元化与竞争性对企业提出了更高的生存要求，也验证了狄更斯的一句话："这是一个最好的时代，也是一个最坏的时代。"这一现象使电网企业由"被动"变"主动"，促使其进行全方位管理变革，以积极适应行业变革趋势。

从长期发展的角度来看，电网企业面临着三场攻坚战：人才争夺战、业绩保卫战、价值观念战。

一、人才争夺战：楚才晋用，核心人才加速流动

（一）传统意义上的电网企业人才济济

电网企业在长期的发展过程中，构建了完整的发、输、配、购、售电业务体系，培养了大量的电力管理和技术人才，涵盖了管理类、专业技术类、技能类、辅助类等各个岗位类别，形成了电力、通信、计算机、财会、物资、行政等各个业务领域的门类齐全的人力资源队伍。根据相关统计数据，电网企业人力资源结构情况如下：

1. 类别和序列

以南方电网公司为例，其人员岗位分为四个类别：管理类、专业技术类、技能类和辅助类。

管理类岗位的主要特征是：管理业务团队，用于培养、激励其他岗位人员。

专业技术类岗位的主要特征是：对专业技术负责，具备一定的专业知识或经验，通过专业技术和方法解决问题，主要职责体现在技术层面，为管理类岗位决策提供建议。

技能类岗位的主要特征是：一般在生产营销等班组（站）工作，从事具体的技能操作工作。

辅助类岗位的主要特征是：工作内容属于企业重复性事务，支持或保障其他类别岗位工作；工作社会化程度较高，容易在社会上获得人力资源补充或劳务支援；岗位经常会因某种规律性的变化而阶段性存在。

以上四个类别的人员岗位又细分为34个岗位序列：

管理类岗位细分为2个序列：决策管理、专业管理。

专业技术类岗位细分为20个序列：行政业务、企管业务、规划计划业务、人力资源业务、财务会计业务、市场营销业务、生产技术业务、基建工程业务、物资业务、信息技术业务、安全监察业务、农电业务、国际业务、审计业务、法律事务业务、纪检监察业务、政工业务、工会业务、调度控制业务、综合业务。

技能类岗位细分为9个序列：发电、输电、变电、配电、营销、调度、通信、信息、物流。

辅助类岗位细分为3个序列：行政、生产、后勤。

2. 各类别人数

笔者的调研结果显示，管理类人员（主要为各单位的企业负责人、中层管理人员，如供电局局长、供电所所长、各部门主任等）占公司总员的10%左右，专业技能类人员（主要为电力生产、营销、经济等专业技能人员，如变电运行专员、营销服务专员、人力资源管理专员等）占公司总员的20%左右，技术类人员（主要为承担电力生产及营销业务的技术工人，如变电检修工、抄表工、配电工等）占公司总员的60%左右，辅助类人员（主要为提供电力生产管理服务的人员，如驾驶员、文员等）占公司总员的10%左右。由此可以看出，电网企业的人力资源类别主要以技术工人和专业技能人员为主。

3. 各专业人数

电力生产专业人员（如变电运行专责、变电检修工等）占公司总员的50%左右，电力营销专业人员（如营销服务专责、抄表工等）占公司总员的30%左右，其他专业（如行政事务、财会业务专员等）占公司总员的15%左右。由此可以看出，电网企业员工结构的核心主要以电力生产和电力营销类人员为主。这两类人员，也是售电公司最想获取的关键人才类别。

（二）人才争夺战伴随"电力体制改革"而爆发

竞争的关键是人才竞争，人是创造商业价值的核心所在。

虽然售电公司和供电企业都属于电力行业，但在渠道、营销等领域的差异也不小。售电公司面向市场，实现了O2O的模式，和传统供电企业的组织结构、管理理念不尽相同，这都是为了引进供电企业的人才，激励电力人才在售电公司中"大展身手"。

一是在售电侧改革方案落实之后，第二、三类售电公司多由社会资本投资成立，并且由电网企业以外的"圈外人"负责运营，所以它们在成立之初面临的首要问题就是人员配置不足，且急需具备一定工作经验的电力销售及配用电管理人员。因此，电网企业就成了售电公司天然的人才储备库。根据相关统计，目前每个省都成立了几十家甚至上百家售电公司，全国已经成立了数千家售电公司，按每家售电公司平均几十人的规模核算，也需要数万名从业人员。这就让电网企业的电力营销和配用电管理人员首当其冲，成为售电公司觊觎的"猎物"，这让传统的电网企业不得不拉起自己的"人才防线"。

二是由于电网企业自身体制方面的限制，很多人才被"闲置"，没有充分发挥其应有的作用，也未被激活价值潜能。所谓"心有多大，舞台就有多大"，很多电网企业人才在面对传统、老旧的价值观和管理观念时，都有一种怀才不遇的感觉，导致有才能、积极性强的人也都纷纷"跳槽"到售电公司，去寻求个人价值和社会价值。

三是因其性质所致，国有电网企业的薪酬分配缺乏一定的自主权，其自然垄断的特征决定了其经营业绩的稳定性。在企业的发展中，效率和公平一直是两个对立和统一的因素。国有电网企业由于缺少竞争对手，在长期的发展中形成了一种"吃大锅饭"的局面，收入分配强调更多的是均衡，而非效率或公平，导致企业迎合、适应市场变化的意识较差，有能力的员工积极性也在下降。

四是近几年，国家开始响应新能源的号召，煤、炭等不可再生能源慢慢退出世界舞台，风能、水能、光能、潮汐能等可再生能源被大范围应用，例如很多城市的公共区域都开始试用太阳能板以及风力发电设施。这就为电力事业的可持续发展奠定了基础，也导致了大量电力专业人员的空缺。专业电力院校的大学毕业生已经"供不应求"，部分电力企业甚至出现了完不成招聘计划的情况。加之当前电力市场放开，大量售电公司出现，进一步加剧了电力专业人才的供需矛盾。

二、业绩保卫战：环境变化，如何持续精实增长

（一）人力资源数量庞大，人效偏低

好雨知时节，当春乃发生。人力资源管理是企业管理中的一场"雨"，在管理中要学会审时度势，知时节才能顺应时势。如何恰当地释放人效，是电网企业管理变革的关键。

根据相关报道，国家电网、南方电网公司的员工人数合计已超过200万人（还未算上地方电网企业）。

200万人是什么概念？根据相关统计，北京、上海、广州、深圳2015年的人口数量大约分别是2000万、2300万、1300万、1000万，两大电网

公司的员工人数分别约相当于这四大城市人口数量的10%、9%、15%、20%；而中国一个普通县城的人口仅有几十万，以40万人口的县城为例，两大电网公司的员工人数相当于5个普通县城的人口总量。并且，电网企业在每个行政区域，上至省市县，下至乡镇都有供电单位，几乎覆盖所有区域，连一个普通的乡镇供电所，多的也有几十人。所以，电网企业的人力资源总量是较为庞大的。

造成电网企业人力资源总量庞大的原因是什么呢？笔者进行了梳理：

1. 历史原因

电网企业是典型的为公众服务的企业，需要承担较大的社会责任。从2002年厂网分开以来，就承担了电力传输、配送、购销等职责，还包括电力保底服务、税收贡献、人员安置等，并且不能以企业利润最大化为核心追求。但作为国有企业，其自身就是要承担社会劳动就业、保证员工队伍稳定等责任。所以，电网企业在正常开展经营管理并进行各项事业改革时，就要按要求以各种形式招录、接收安置大量的体改人员、农电工、毕业生和复转退军人。特别是地方电力公司上划两大电网公司时，人员随资产上划，包括了很多地方富余人员。同时，电网企业和大多数国有企业一样，本着维护员工队伍和谐稳定的原则，并没有建立行之有效的人员退出机制，人员的减少途径只有退休、死亡等自然途径，所以造成了电网企业人员入口多而出口少，几乎只有进没有出的局面，很长一段时期内，企业人员只增不减。

2. 舆论原因

国有电力企业长期以来被外界冠以"电老虎"的称号，这个称号不但暗示电网公司强势掌握着全社会所有单位、所有人用电的权力，同时也暗示着电网企业的高薪酬、优福利，是众人眼中的"铁饭碗""金饽饽"。实际上也大概如此。

电网公司作为中央直属企业，承担着电力输、配、售的职责，电厂必须卖电给电网，用户必须向电网买电，电厂、用户都必须依赖电网，电网处于利益链条中最为关键的环节。而且电网公司也承担了一部分政府管理职能，如电网规划、用电稽查、用电报装等，所以吸引了社会上许多求职者的目光。

3. 自身发展需要

近年来，各行各业都快速发展，特别是工商业与互联网经济。全社会的用电量在逐步增加，电网建设需求也同步增加。国家在刺激经济发展和就业的同时，加大了对电力行业等固定资产的投资，电网投资建设项目大规模铺开。由于电网本身就需要大量的建设、运行、维护及业务管理人员，其规模一扩大电网企业对人员的刚性需求也在增加。

电网企业每年都通过校园招聘、社会招聘、外系统调入、政策性安置、业务划转等各种方式补充大量工作人员。每年的校园招聘会现场，电网公司都被围得水泄不通，哪怕是一个偏僻的县级单位，都有很多人报名；而电力专业的学生，还没等正式毕业就被电力公司一抢而空。电力行业需求大导致行业人员的基数大，而因为某次改革或某个项目增添的临时人员在事后也未必能得到很好的安置。这似乎是所有的国有企业都存在的弊病。

（二）经营环境逐渐变化，指标下滑

1. 垄断收费取消，营业收入降低

国家发展改革委办公厅发出的《关于清理规范电网和转供电环节收费

有关事项的通知》〔2018〕787号文件中,取消了电网企业部分垄断性服务收费项目。这对于用户来说是一项好政策,但对于电网企业来说却是"当头棒喝"。

该通知要求电网企业提供的输配电及相关服务发生的费用应纳入输配电成本,除了通过输配电价回收外,不得再以其他名义向用户变相收取费用。在发改价格〔2016〕500号文件发布前,我国平均电价是每千瓦时0.65元,其中一般工商业电价是0.80元。一般工商业电价平均降10%,意味着降价金额将在800亿元左右。

电网企业无疑是遭受冲击最大的一方。售电侧改革过后,电网企业的定价权、定量权、交易权被剥离。该通知的下达,使得电网企业由电力的"贸易商"转型为"物流商",盈利模式发生了根本性的转变。

新的输配电价中已经不含购电成本,与现有业务模式下的销售电价相比会大大降低。往后电网企业的营业收入会大幅下降,以营业收入为标准的各种排名也相应大幅下跌。

2. 人事费用率提高,企业的生产效率降低

人事费用率为人工成本总量与营业收入的比率,表示在一定时期内企业生产和销售的总价值中用于支付人工成本的比例,是一个负向指标,即人事费用率低,说明企业在营业收入中用于支付人工成本的比率也低,表示企业的生产效率较高,业绩较好。

在输配电价改革和售电侧改革之后,售电公司运用"新零售时代"的利好进行市场化交易,如进行电力买卖、大用户可以进行电力直供。电网的营业途径也不再是向电厂购电后卖给用户,而是通过收取输配电价,即电力"过路费"的形式获得营收,导致电网企业的营业收入大幅下降。以

云南省为例，2016年市场化交易电量达到590亿千瓦时，按照平均降价0.13元/千瓦时匡算，云南电网公司售电收入就减少了76.7亿元左右，并且随着市场化用户准入条件的放宽，交易力度的加强，交易电量将进一步增加，电网公司的营业收入还会进一步减少。因此，电网企业正常的人工成本增长和营业收入的下降，造成人事费用率提高，企业的生产效率降低。

3. 人效降低，电网企业盈利模式的急转

人工成本利润率为利润总额与人工成本总额的比率，表示企业单位人工成本创造的利润，是一个正向指标，即人工成本利润率越高，表示企业的人工成本投入的获利水平越高。

电力体制改革后，电网企业的盈利模式由"购售价差"转变为"准许成本加合理收益"。虽然新模式保证了电网企业的合理收益，但输配电成本核定时，为控制电价水平，价格管理部门严格控制了纳入输配电核价范围的资产规模。在国家加大农村电网改造升级投资和电网企业优化主网、强配网、升级农网的要求下，电网行业投资规模不断加大，输配电有效资产不断增加，同时受经济下行影响，售电量增幅放缓，按照政府核定的输配电价，实际准许收入与核定准许收入偏差不断增加，平衡账户潜亏加剧，电网企业的盈利能力下降。相反，由于职工报酬的正常增长，人工成本需求却在稳步增加，造成人工成本利润率下降，企业人工成本投入的获利水平降低。

在此过程中，电网企业只有积极应对变革，在输配电价核定方面争取更多的政策空间，在售电侧改革方面参与市场竞争，抢占更多用户和市场；同时，发挥人工成本的激励作用，促进企业内部管理的提升，加强指标的管控幅度。

那么，在经营环境急剧变化的当下，电网企业应当作出怎样的思考呢？

管理改革是否有效果，就看是否有效地提高了生产力，而生产力提高的背后是知识、技术能力的提升。笔者将每一位员工的自主创新能力和知识、技术含量的累积称为一个"人比"。"人比"的累加形成了"公司比"。这种累加并不是简单的、传统意义上的累加，而是把不能转化为实际用途的知识技术排除在外，这样就可以形成可量化的数据。而对员工的要求就体现在将自主创新、自主管理能力、知识技术转化为实际行动上。

我们常说，企业业绩的提高就是通过员工们自身的绩效所累积起来的，其实并不然。除了通过员工绩效来提高企业的业绩外，更重要的是提高员工的自主创新和自主管理能力，这对员工来说是一项较为难提升的能力。过去的工作都是一个萝卜一个坑，而现在企业对员工综合素质的要求越来越高，信息技术和人工智能会蚕食掉一些较为简单、机械的工作岗位，而自主创新和自主管理能力却会源源不断地衍生出一些不可替代的工作。那怎样去衡量"人比"呢？衡量"人比"的有效性就是将员工的自主创新和自主管理意识转化为有实际用途的能力。从企业的发展角度来说，该能力就是绩效形成的关键；从意识形态来说，该能力就是自主管理的哲学形态。

自主管理作为一种内控型管理方式，和兴趣、爱好等相互连接，能够降低外控型管理成本。长期以来，很多企业都是通过外力强加对员工进行管理，员工处于被动接受的状态，这就使得很多人失去了对工作的热情和积极性。而新零售时代和信息化时代的到来，给予员工们更多的信息，激发了他们的爱好和兴趣，让他们进行自主选择和自主管理，并让员工与企业的目标达成共识。

麻江县供电局引用 OGSM 作为自主管理工具，起了很大的作用，它同时也是目标管理和绩效管理工具，是公司和员工共同进行管理的实用工具。它克服了传统 KPI 在实操中可能出现的一些问题。相对于 KPI 来说，OGSM 并不是真正意义上的考核工具，而是目标管理工具。目标既要有年度 KRs，也要有季度 KRs。年度 KRs 统领全年，但并非固定不变，而是可以及时调整的，但调整需要审批；季度 KRs 则是一旦确定就不能改变的。企业、团队、经理到个人，每一层级都需要不同的 KRs，这些 KRs 共同确保企业能够正常运营。同样，KRs 的设定也要以达成共识为前提，是管理经营者与员工直接、充分沟通后的共识。

自主管理能力是会"传染"的，一个人能"传染"一群人。在麻江县供电局中，林江华的超前意识、自主创新和自主管理能力从他个人慢慢影响到员工，从而形成了全供电局大范围的自主管理氛围，使自主绩效模式顺利在供电局推行。

三、价值观念战：电网人的"活法"和"干法"

（一）提高心性，明确事业的意义和目的

1. 职业人意识，用"新活法"实现新价值

在对诸多电网企业的调研中，我们不但接触了企业的中高层干部，而且和班组长这样的基层骨干及技术工人代表——"大工匠"，进行了交流。"大工匠"是在技术工人序列中成长起来的科学家和发明家，企业提供工作室和经费，团结一批技术尖子，以"大工匠工作室"为依托，自

主钻研技术攻关和发明革新。笔者在和基层干部工人交流的时候，有一个极重要的感受，这些工人真的有和企业同呼吸共命运的意识，觉得企业的命运就是自己的命运，以主人翁的态度与企业形成了命运共同体。当他们以有觉悟的主人翁的态度参与企业的规划、生产、经营、管理、组织等环节时，就能够克服因私欲而可能产生的效能低下、动力匮乏等情况。在这种情况下，各种原本被描述为压抑性的规则制度会转化为人的自觉自律的体现。

然而，事情都有两面性，"橘生淮南则为橘，生于淮北则为枳"。笔者想通过一个小故事来说明另一种现象。

有一个记者曾经在大西北遇到一个放羊娃，记者问他："你干啥呢？"放羊娃回答："放羊。"

记者又问："放羊干啥？""赚钱。"

记者追问："赚钱干啥？""娶媳妇。"

"娶媳妇干啥？""生娃。"

"生娃干啥？""放羊。"

从这个故事中我们可以看到，电网企业中有一部分人，他们也生活在"考学—工作—挣钱—成家—生子—考学"的无限循环中。生活的枯燥和单调的轮转让很多人在思考生命的意义是否仅在于此，但生命是丰富的、鲜活的。很多央企员工在日复一日地面对三点一线的生活时都会问自己：工作的意义是什么？

长期以来，由于电网企业对输、配、售电业务的垄断经营，形成了较为封闭的系统。这个体系具备组织运行的各项功能，不需要与外界互联也能正常运转。

电网企业人力资源总量充足、类别丰富。但同时也存在另一种情况，部分地区因为体制及管理文化的原因，很多人才被"闲置"，导致一定程度上的"缺员"。这就造成了一个普遍现象："旱的旱死，涝的涝死。"也许这就是电网企业中"结构性缺员"的真实写照。

从数量和专业来看，国家电网公司、南方电网公司的员工总数达200多万，涵盖了发电、输电、变电、配电、营销、调度、通信、信息等各个环节；从员工职业发展来看，人员的进入、培养、调配、晋升、退出等，都在一个体系内循环，很少与外界交换。这种一定程度上的封闭性，造成了大量"低价值岗位"的存在。部分低价值的岗位旱涝保收，使员工丧失了对工作价值的认识。人为什么要工作？许多人把"努力工作""拼命劳动"看成毫无意义的行为，他们甚至对积极工作的人报以冷笑和鄙视。

这里所说的价值观指的是劳动观，就是对工作的基本观念。工作在人的一生中占的时间最多，人们在工作中学到的东西也最多。但是，现在许多人却找不到在工作这一行为中所蕴含的目的和意义。因此，现在年轻人逃避工作的倾向逐渐严重，不想认真干活，自由散漫者的数量急速增加，这已经成为一个很大的社会问题。另外，由于经济周期的消极影响，在理应承担起当今社会责任的这一代年轻人中，将"流汗工作"视为美德的社会风气逐渐淡薄，崇尚不劳而获的风潮却在逐渐浓厚。

这种劳动观、价值观的变化，伴随劳动人口的减少，人们劳动热情的降低，将导致企业竞争力的下降，对国家经济的长期发展也极为不利。所以，我们必须对劳动从根本上重新审视，将劳动的目的和意义正确传达给年轻一代。

在伴随经济高速增长而来的急剧社会变动中，难免有一些不好的社会现象。但在持续稳定的经济增长的常态下，如何树立正确的劳动观、价值观，将是一个长期的重要课题。

人人都知道拼命工作是一件很辛苦的事情，但如果换成自己喜欢的事情呢？工作一词似乎有些生硬，但如果你热爱它，在这个过程中你就会享受又投入。

现在很多电网企业的员工还停留在"给什么做什么"的传统思维模式中，但事实却是残酷的，员工今后都得自己"找活儿"。企业已经变成了一个平台，当你在信息化的平台上主动完成一项任务时，其实就已经是变革道路上的先行者了。

相比之下，第三类售电公司近几年来的零售新形态层出不穷，成为新时期的强力竞争对手，主要就在于其不限于单一、刻板的形态，能顺应时代新常态，对传统的电力销售形式进行现代化改造。例如，他们以"消费新形势、市场新变化"为依据，促进企业模式向个性化、网络化、体验化转型，满足了新时代消费者多元化的需求。那么，电网企业要想从本质上突破这种"放羊娃式"的精神瓶颈，就要从"活法"上突破传统管理思维，从人力资源治理结构方面去思考如何激活个体，激活组织。

2. 企业家精神，用"新干法"触摸新时代

思考是种子，行动是花朵，成败是果实。思考是一切的根源，只有在思考中才能感受到变化，感受到变化才能采取行动。渴望改变的人，才能真正触摸到时代脉搏。

1968年墨西哥城奥运会，跳高运动员福斯贝里第一次在全世界面前施展背越式跳高。那个年代流行跨越式或者俯卧式，因为沙坑还未被橡胶垫取代，大头冲下的背越式跳高简直是自杀性的动作。他的诡异动作引来阵

阵哄笑。但随着横杆一次次升高，笑声没有了。在最后一跳成功后，他获得了奥运会金牌，全场起立鼓掌。

但是前期，是否使用背越式是他焦虑的核心点——背越式可以突破横杆升高的难题，但不安全。福斯贝里是个典型的弯道超车选手，他在别人只想往前跨一步的时候就想往前跨三步，这种先进的起跳模式和超前意识让他最终获胜。在麻江县供电局绩效管理改革的初期，林江华和福斯贝里有着相同的顾虑。

在林江华提出"抢工分"的想法时，部分人对此持怀疑态度，有的人甚至认为这是"瞎搞"。麻江县供电局作为中国西南边陲的县级单位，在管理方法上本就落后于发达城市，有人甚至认为，能"吃大锅饭"就不错了。这反映了传统央企的一个现状：改革者想作为却处在焦虑和不被理解中。

但这是一个个体崛起的时代，传统的老旧思想和模式已经无法满足这一快速发展的社会，现在正需要像林江华一样的"领头羊"和"领跑人"运用新的技术和模式对企业进行重新整编。

把国有企业优秀领导人上升到企业家的高度来看待，给干事者以总结经验、重振旗鼓的机会，去其忧、励其志。这是当前国有企业应当重点去做的事。无论是哪一行政级别的电网企业，优秀的国有企业家，或者叫经营者，他们有三个关键要素是相同的：

第一，经营者必须对企业未来发展满怀梦想，拥有宏伟的"愿景"，并清晰地向全体员工进行描述。必须把公司追求的愿景描绘成清晰的目标，怀有"无论如何必须实现"的强烈念头，并与员工共有。

第二，经营者必须明确"为何需要愿景必达"的理由，也就是确立企业的"使命"。必须制定能为全体员工由衷认同的、具有大义名分的企业使命，促使每个员工了解实现愿景的理由，并激发他们的使命感。

第三，经营者必须具有高尚的品格与崇高的人格。无论拥有多么崇高的目标及目的，如果经营者本身不具备优秀的品格与高尚的人格，员工决不会心甘情愿地与经营者甘苦与共。而且，如果经营者不具备优秀的人格，往往会优先考虑其自身利益，在作判断或决策时，容易将公司带往错误的方向。因此，经营者的首要任务是描绘充满梦想的"愿景"，并用浅显易懂的语言向全体员工描述、共有。其次，必须揭示实现愿景的原因，激发员工的使命感，使员工主动点燃起斗志。最后，为了实现愿景，率领员工的经营者本身必须具备崇高的人格。

正在实行数字化转型的企业，不论是售电公司还是电网企业，都是在迎合用户的需求中不断升级和发展，以提高为用户服务的效率与品质。当下的国有企业家，更要与时俱进，改变思维，利用互联网、信息化等时代产物满足用户日益变化的需求。

这不是一个坐享其成的时代，这是一个自力更生的时代。

（二）拓展经营，建立全方位的"经营思维"

变化无处不在，世界上唯一不变的就是变化。

2016年5月18日召开的国务院常务会议上就提出，力争在三年内使多数央企管理层级由目前的5~9层减至3~4层及以下、法人单位减少20%左右。同时精简合并政府部门，最大限度地避免政府职能交叉、政出多门、多头管理，从而提高行政效率，降低行政成本。

而在这之前，国家电网公司已经注销了东北、西北、华中、华东四大区域电网公司，在精简管理层级方面走出了重要一步。

这些变革的背后，我们可以看到组织变革的底层逻辑：通过责任中心定位方式，区分利润中心与非利润中心，使各级管理者建立自主经营思维。打破传统职能管理的边界,正确定位部门的责任中心,是企业管理有效运作的基础,企业的预算、考核、核算、激励都是基于责任中心展开的。建立责任中心的目的是明确责任、简化管理、激活组织。如何建立和定位责任中心,是企业管理控制要思考的主要问题之一。这里,关键的思考点不仅有业务性质,还要有经营机制。

从某种意义上说,管理是为经营服务的。管理者需要从经营的本质上建立投入产出的逻辑:营收 – 成本 = 利润。

大部分电网企业的管理者,都是凭经验来积累管理知识的,所以对于管理的理解多数是经验的传递和实践的总结。尽管这些年电网企业培养了大量的管理人才,但对经营型人才的培养现状却并不乐观。这是因为他们对管理和经营的内涵存在理解偏差。

1. 探究经营与管理的3个不同

一是经营是对外的,追求从企业外部获取资本、项目,从而获取利润,建立自身的对外影响力;管理是对内而言的,强调对内部资源的整合和建立良好的工作秩序。二是经营追求的是效益——要赚钱;管理追求的是效率——控制内部成本。三是经营是扩张性的,要积极进取,抓住机会;管理是收敛性的,要谨慎稳妥,要评估和控制风险。

贵州省电网公司董事长尚春曾谈道:"凡是干部必有责任、凡是员工必有绩效、凡是投资必有回报。"管理最为重要的是三个基本观念,分别是绩效观、分配观、经营大于管理。也就是说,管理必须对绩效负责,一切不产生绩效的行为都不是管理的行为,因此在管理的问题上,不应该用我们以往的习惯来评价。

2. 电网企业的利润从何而来

长期以来，电网企业利润管理存在"三座大山"。一是后端重：重资产经营重资产运作，投资回报率低，管理控制力低，绩效差。二是前端杂：需求杂乱。客户服务线长，需求多，配套复杂度高，大小客户都要去维护，甚至出于央企的社会责任感，有些投入必须舍弃利润。三是中间乱：管理不闭环，利润意识弱。经营计划不到位，紧急需求多；运营成本高，组织发育能力差。

以上"三座大山"长期无法解决，其结果是：前端杂，规模效益丧失；后端重，投资回报率低；中间乱，管理复杂、浪费多，注定成本降不下来，人效提不上去。所以组织绩效的突破，不是单纯地提高某一项指标，而是要系统地考虑管理的闭环。单从人力资源角度来说，电网企业要提高人效，不是要增加劳动强度和管理的复杂度，而是要通过市场需求促使员工主动减少无效劳动，提高工作效率。

《麻江访谈录》之：电网企业成本控制的思考

2015年9月13日

戈剑：大野耐一说，消除生产过程中的一切"浪费"，"减少一成浪费就相当于增加一倍的销售额"。假如商品售价中成本占90%、利润为10%，把利润提高一倍的途径有两种：一是销售额增加一倍；二是从90%的总成本中剥离出10%不合理因素（即"浪费"）。就目前市场形势看，县级电网企业扩大销售额显然非常困难，但控制成本却可以逐步实施。

王京刚：稻盛和夫先生说过，"只要降低成本经营就会得到改善，这种想法过于天真"。当一个企业濒临破产时，银行等金融机构派来的人首先采取的行动就是削减成本和压缩资产负债表（变卖资产等）。这是因为他们不知道其他改善经营的方法。优秀的管理者当然也会对成本进行削减,但同时,他们会更先一步地思考如何让企业重新成长。

削减成本是一项需要创造性的工作。比如,对工作流程进行调整,缩短必要的工作时间,实现削减成本的目的,这就需要极强的创造性。缺乏创造性的人只能选择更换为价格更便宜的原材料、削减人工费等简单的方法。虽然这也是方法之一,但搞不好的话可能会导致产品质量下降、员工工作积极性降低等负面影响。

林江华:县级供电企业受区域经济发展程度、网架历史因素,以及公司管控模式定位(分公司)影响,利润结构无法与日常运营挂钩。目前的利润核算模式是通过内部下网电价来调节的,盈亏全在于内部下网电价高低。若下网电价低,利润空间大,则盈利;反之,则亏损。

由于企业盈亏与自身利益弱相关,长此以往,大家都不关注成本结构。其结果是自上而下的控制有余,自下而上的活力和经营能力不足。这就会导致企业经营状况的最大问题出在成本上。因为企业对业务单元没有成本考核,可能投资一条线路,只有一个用户,一年的收入很低,但业务单元感觉"我还是要投资,成本对我而言是公家的,跟我没有关系"。

电网企业虽然是国企,但也需要追求长期有效和一定水平的利润率增长。而事实上,人均效益提高的基础,还是有效的利润率增长。人力资源长期以来的业绩理念受分公司模式限制,人效增长的逻辑及衡量标准需要重新界定。

作为县局,麻江县供电局的做法是通过划小核算单元,使每一位干部和员工,都能建立经营思维,通过核算"单位时间附加值",来衡量人均产出的实际效果。

3. 经营思维的本质是追求管理的合理化

表 1-1 管理思维与经营思维的不同之处

内容	管理思维	经营思维
组织架构	金字塔层级架构	1. 自主管理团队 2. 按需配置高管教练，进行组织赋能
职能部门	过去的中央行政职能：HR、IT、采购、财务、预算控制、质量、安全、风险管理等	1. 这些职能多数由业务团队自己承担 2. 保留少数行政人员，提供建议等支持
协调	通过各层级的固定会议来协调，经常召开无效的会议	没有高管团队会议协调，会议大多是临时性的，按需而定
项目	重度机械化（计划＆项目经济、甘特图、预算等），试图控制复杂性和优先配置资源	1. 以利润为基本目标进行项目统筹 2. 根据自然的优先次序，保留最少量的计划和预算
职位头衔及岗位描述	每一项工作都有职位头衔及岗位描述	1. 流动的独立角色 2. 没有职位头衔
决策制定	1. 由金字塔上的高层制定 2. 容易被高级别领导否决	根据建议流程，决策完全分散在组织中
危机管理	1. 顾问小组秘密开会，支持 CEO 自上而下的决策 2. 只是通知所作出的决定	1. 透明的信息共享 2. 每个人都参与，集体智慧产生最佳反应
采购与投资	1. 根据级别授权 2. 投资预算由高层控制	1. 在授权范围内，员工有一定的资金支配权限 2. 投资预算将在评估机制下受到挑战
信息传递	信息就是权力，只透露给需要知道的人	所有人都能实时获得所有的信息，包括公司的财务数据及薪资

续表

内容	管理思维	经营思维
冲突解决	通常是避免冲突，没有冲突解决流程	1. 正式的多步骤的冲突解决流程 2. 冲突须限制在冲突双方及调解员之间
角色分配	紧张争抢有限的升迁机会导致公司政治及功能失调，形成职位孤岛	1. 赛马不相马，官兵互选 2. 每个人都能进行自我批评
绩效管理	1. 聚焦在个人表现 2. 上级领导作评估	1. 聚焦在团队表现 2. 基于同侪的个人评估流程
薪酬管理	1. 由上级领导决定 2. 个人激励 3. 精英原则带来巨大的薪酬差异	1. 同事校准下的自主定薪 2. 没有个人激励，而是平等地分享利润 3. 薪酬差距较窄

经营有三个基本原则：收入最大化，成本最小化，效率最快化。

现如今，基层供电企业也在积极进行大刀阔斧的改革。比如以麻江县供电局为代表的县级企业，以责任中心制为导向，区分虚拟利润中心和成本中心，建立一线和二线部门。

责任中心的建立通常与划分核算单位相联系。麻江县供电局的管理实践表明，应当因地制宜地划小核算单位。不划小核算单位，经营责任就很难落到实处，部门和团队的贡献差异就无法体现，激励政策也就很难与贡献挂钩，组织就会缺乏活力。但核算单位也不是划得越小越好，核算单位划得越小，内部交易界面就越多，内部交易成本就越高。所以，划分责任中心时要从战略角度对成本效益作适当的权衡，是管理控制的一项重要决策。

麻江县供电局的主要做法如下：

（1）合并15人以下的供电所，把原来基层供电所的销售和运维职能按责任中心模式分解。

（2）把供电所看成售电公司，以扁平化管理、提升效率为原则，仅保留营销职能，把所有员工调整为"综合工"，定位为企业经营中的虚拟利润中心，围绕如何实现销售最大化的原则开展工作。

（3）把供电所的运维部门看成独立的运维公司，围绕如何实现"成本最小化"开展各类止损工作，定位为企业经营中的成本中心。

（4）在发现各部门在职责缺失和职责交叉方面的问题之后，进行制度体系的系统性业务梳理。通过梳理对照制度，及时调整和更正，逐步实现扁平化管理，以实现效率最大化。

这对电网企业有哪些借鉴意义呢？

创新的目的，是为客户和公司创造更大的价值。

企业在创新问题上，一定要强调价值理论，不是为了创新而创新，一定是为了创造价值。互联网时代，人们总说颠覆性创新，电网企业要坚持为世界创造价值，为价值而创新，同时还必须以关注未来5~10年的社会需求为主。我们看到一小部分新生力量从事颠覆性创新，尤其是林江华这样堂吉诃德式的经营绩效创新，而非传统意义上的绩效管理，这种颠覆性创新是开放的，延续的，可以不断吸收延续性创新的能量，直到将来颠覆性创新行为长成大树，也可以反向给延续性创新补给能量。

经营思维一旦形成，日常的管理动作就会演化成一套追求管理合理化的方法和机制，其所产生的效果，除了实实在在的利润增加之外，各个责任中心员工的工作状态及员工收入也会发生根本性变化。林江华强调说，管理基础建设是个漫长的过程，事情总是要一件接一件地去做，几年之后必定积少成多，涓滴汇聚，由点及线，由线及面，进而实现各项事务管理的全面合理化。

也正是由于这个原因，笔者并不想将这本书写成标准版的理论体系，而是从麻江县供电局的实践运营中，提炼经营的常识和真谛，这才是真正有意义的事情。

第二节 划小核算，在最小的细胞上统一责、权、利

导入故事：有一种精神叫团队竞标意识

每周一的工作例会，各部门都会特别关注自己的工作进展情况，"什么？排名下滑了，这可不行，回头得赶紧抓进度"。两年来，最大的变化是人精气神的变化，大家的关注点发生了很大的变化，从过去的"我为什么排名靠后"到现在的"我怎样才能排名更靠前"，但凡是被发现的问题，我们都会在第一时间把它解决掉，速度快得惊人。

——节选自曾加劲2016年1月19日《梅寒傲雪迎风开 雀闹枝头报春来——创先工作有感》

一、划小核算单元是市场催生出来的科学管理机制

互联网时代，传统组织在升级转型，新的组织形态层出不穷。在以互联网作为介质的新通信方式出现之后，全球经济的运行形态发生了颠覆式改变。当前，新时期下的售电公司也开始把用户服务、用户体验等放到首位。然而电网企业如何利用优质服务为用户带来新的生活方式呢？在全球

性共享经济、全球基于互联网和物联网而产生知识大互联的背景下，中西方企业前所未有地在同一时期面临同一个问题：如何跟上时代的发展？

售电公司运用的"新零售"方式的崛起，使得线上和线下的界限被彻底打破。在这种状态下，影响电网企业发展的不再是模式和渠道，而是用户。谁能满足用户的需求，为用户提供更高效、更极致的体验，谁就能发展领先。

对于供电企业的经营管理者来说，认识时代、认清时局，自觉地注意自己的经营思想是否符合时代的要求是极为重要的。德鲁克认为，"互联网最大的贡献就是消除了距离"。而在电力行业中，零距离就要求员工的思维从"以职能分工为中心"转变为"以客户为中心"，让一线员工成为企业与用户直接沟通的窗口，赋予一线员工创造价值的平台，并将其可能性无忧化。开篇的小故事，讲的就是一旦员工的活力被激活，其动力和效率都会空前提高。

2016年，初春。笔者一行再一次来到麻江县供电局。营业大厅里，来办理业务的人较去年少了很多。林江华不无感慨地说，供电营销的场景，已经彻底开始变革了——部分用户从线下转到了线上。此时，"新零售"这个词，已经在业界广为流传。

在林江华眼中，新零售只是一种方式，借助先进技术，实现线上、线下的融合，收集用户的需求，根据需求来服务用户，使原来企业与用户间的单向线，转为双向、共进的新关系。而这一切的本质，还是在于提升企业运营效率。

时至今日，企业要想适应互联网经济时代的竞争环境，就必须学会打"现代战争"。而"现代战争"中最重要的一点就是不再使用人海战术，作战单位开始逐步缩小，从"步兵作战"变成"特种兵小组作战"，这样一来，单位作战的能力才能迅速提升。

关于缩小作战单元，近年来华为做得比较多。任正非提出："简化组织管理，让组织更轻更灵活，是我们未来组织的奋斗目标。"华为的改革方向主要是从"中央集权"变成小单位作战，也就是"通过现代化的小单位作战部队在前方发现战略机会，再迅速向后方请求强大火力，用现代化手段实施精准打击"，这在现代被称为"班长的战争"。

在这个背景下，麻江县供电局活学活用，把"班长的战争"转变为"一线决策力"。为了给前端提供充分的资源支持，县局变身为资源平台，以扁平化姿态进行运营。2016年形成的"虚拟售电公司"有着"配售合一""运检合一""设备主人制""安全责任经理""片区经理"等麻江特色的组织新形式，进一步模拟未来售电市场之争。

互联网时代的到来使得开放、共享、互联互通等概念有了实施基础。这里所提到的"一线决策力"并不是说未来所有的决策都要让一线员工自主决定，而是说企业的决策体系必须通达到一线，让一线员工参与到决策流程中来，以此提升企业对市场环境和客户需求的反应速度。

对比其他行业，供电企业经过几年的集团强化管控，已经有足够大的规模、世界级的信息化系统、完善的基础管理、素质较高的员工和一流的能力体系建设，具备系统优势来支撑一线的快速反应。但事实上，这方面的进度，是不是有点太慢了呢？

麻江县供电局就是从传统的"领导驱动模式"转化为"员工驱动模式"。在互联网时代，一方面，随着用户的个性化和市场的碎片化发展，整齐划一的组织模式被彻底颠覆；另一方面，将因自上而下的管理模式导致的员工与公司、员工与上级领导间的内部博弈连根除掉，避免了公司内部交易成本的上升，也让每个员工都能面向市场，直接为用户创造价值。

当然，在信息化系统未完善之前，盲目放权会导致混乱。伊拉克战争期间，一线的美国特种兵可直接用卫星电话呼唤后方的炮火，表面上看起来是特种兵在决策，事实上，是后方司令部通过各种手段和机制，使得特种兵临战决断的难度大大降低了。

概括来说，电网企业可借鉴"简单化的前台+标准化、复杂化的后台"的模式，即"小前台，大后台"，但面向客户的前端界面必须足够小、足够标准，运营和管理模式尽量简单，以便让一线员工腾出时间，把更多的精力放在客户身上。

这一切实现的前提是，后台要能适应这种复杂性的要求，工具要标准化、方式要模块化，为前端提供服务，并减少前端的决策风险。前台越小、越简单，就越容易快速复制、越能降低前台运营者的能力素质要求和决策风险，决策也就越快，最终达到让平凡人做好不平凡事的目的。其本质是，整个公司的资源分配向前端倾斜，把复杂事务都交由后台来集中处理。其核心在于组织设计的"四化"原理：管理制度化、制度流程化、流程表单化、表单信息化。对于后台而言，自身的组织职能调整也变得尤其重要。这在后面的章节会详细讲到。

国外企业做大后台的主要目的，是通过共享服务中心、卓越能力中心来降低成本。对于基础管理薄弱的电网企业而言，后台通过服务前端把财流、物流、人流和信息流变得完全透明化，本身就是对一线最好的管理和控制。

"班长的战争"本质是对信息管理的重新调配，也是企业平台化管理思维的形成，更是"划小核算单元"的基础，为员工主人翁意识的觉醒和确立指引了正确的方向。麻江县供电局划小核算单元，本质上是在组织内部形成一种氛围——摆脱对上级的依赖感。当一个企业还依赖人才、依赖技术、依赖资金时，其价值评价体系就存在一定程度上的扭曲。平台化的企业，就是要构筑一个框架，使技术、人才、资金各自发挥出最大的潜能。

二、划小核算单元是基于信息共享的小单元作战

纸上得来终觉浅，绝知此事要躬行。

2016年初夏，曾加劲风尘仆仆地从外面赶回来，黝黑的皮肤还闪着汗珠，带着笔者和苏辙参观了人力资源部的信息共享平台。

班长的战争，牵扯更多的主体，如平台、部门、个人的利益，三方如何分享信息，保证"班长"在前线能够正常工作，是当前要面对的难题。

信息的共享带动了信息资源的分配革命，也展现了生产资料由所有权演变为使用权。在电力的新零售时代，人们也是越来越享受服务。在丰裕的信息环境中，人们面临的问题不再是产能不足，而是资源分配的不均衡。通过人人共享，可以实现新的经济增长。

在长期的探索中，麻江县供电局自主设计了一个信息共享平台，将需要的任务发布在该平台上，让员工们自行"抢单"，将任务与个人绩效挂钩。"抢单"的原理就是利用信息共享进行小单位作战。起初有些人不理解这种模式，其实很多行业都在用这种开放、共享的模式经营企业。

曾加劲兴奋地说：为什么要做信息共享平台呢？

苹果公司采用优先参与、优先共享的经营原则。苹果公司每年会举行全球开发者大会，向研发者们展示最新的软件和技术。首届开发者大会参与者签署了保密协定，并在那次会议上见证了 Lisa 的初次现身。2000 年的开发者大会，苹果 OS × 的推广全面展开，开发者收到了 API 说明。乔布斯说，有了这个预览版，开发者们可以随心所欲地打造 OS × 中的杀手级应用。苹果技术的领先优势是与全球众多的开发者共同创造的，这就是共享的力量。

对于企业级的平台来说，构成"共享"的每一个组织，我们都可以把它称为核算单元。它在组织形态上的变化，就是企业界常讲的"小企业做大，大企业做小"，也可以叫作网格化管理。划小后的业务单元，分为 PC（虚拟利润中心）和 NPC（非虚拟利润中心）两类。

"划小核算单元"的定义：划小核算单元是将企业经营过程进行细分，界定各单元的资源投入及产出，并通过各种管理措施，提高资源利用效率，进而提升企业价值。

"划小核算单元"的目标：通过划小核算单元，提升企业价值。实现这一目标有两个途径：一是明确资源分配动因和标准，精确资源管理；二是通过落实价值管理责任，激发员工提升企业价值的自觉性、主动性和创造性。

简单来说，划小核算单元，就是让组织中的每一个人都建立经营的意识，能分清哪些赚钱，哪些赔钱，明确该干什么，不该干什么。而经营思维的关键，就是按市场规律办事，通过市场化的机制和手段，配置企业各项资源，实现责权利高度统一。究其本质，就是构建一个内部市场化的平台，每个单元都转变为独立的经营主体，从而更好地激发企业的内在活力和创新动力，促使员工千方百计用好资源、想方设法加快发展，促进企业

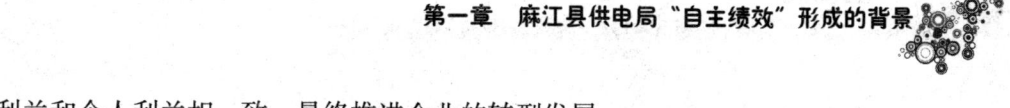

利益和个人利益相一致,最终推进企业的转型发展。

三、划小核算单元需要哪些新思维

以人为主要载体的组织,其横向业务运转的动力,以及纵向分工效率的发挥,都需要围绕着责权利体系建立的一系列规则来保障。通过定义和标准化岗位角色与职责分工来保障"个体的工作努力符合组织的需要",同时尽可能地将个体的主观能动性引导为创造力,建立员工投入与回报之间的良性循环,使得企业与员工之间实现共赢。

麻江访谈录之《四定不破,人效难增》

(一)人效思维:四定不破,人效难增

戈剑:今天很多企业要求做人力资源"四定"的咨询项目,林局长关于"四定"有什么看法呢?

林江华:一群牛在一起劳动。有一天,突然有人给每头牛身上都挂了一个牌子,如奶牛、水牛、黄牛。从此之后,被挂上奶牛牌子的牛,再也不下地干活了,因为它认为,自己是用来产奶的,下地干活不是它的责任……

大笑之余,我们要反思:是什么影响了这些牛的思维?

王京刚:要想突破电网企业人效偏低这一瓶颈,首先要考虑如何破"四定":定岗、定任务、定薪级、定员。

1.如何破"定岗"

定岗在一些特殊行业必须要做。因为在某些行业中,一旦给某个特定岗位加上了标签,固定了模式,你就会发现岗位与岗位之间的壁垒会越来越明显。岗位之间仿佛形成了一个小篱笆,大家都你干你的,我干我的。

经常会听到很多人讲，这个事情不归我管，所以我不做。从定岗意义上讲，这好像是正确的。但工作具有动态性。在外部环境变化如此激烈的同时，内部却还是各扫门前雪，这能适应变化吗？显然适应不了！

所以这个时候，我们就要考虑，在一些与市场连接紧密的工作中，在一些极具竞争性的岗位上，操作定岗的同时也要考虑定价值——不管你的岗位是什么，产生的价值必须清晰。换句话说，就是投入什么，产生什么，一定要以结果为导向来考虑问题。

2. 如何破"定任务"：定任务的弊端是结果不突出

我们看到很多企业做年度计划、月度计划、季度计划，甚至周计划，很多计划。准备干这个，干那个，一二三四五说得十分细致。但是结果并不突出。

所以定任务最大的弊端在于：这是一个过程管理。

也许我们可以换一个称呼，叫作定目标或定标准。这样的话，领导者和员工在做事情时，都会有一个特定的目标和行为。在某种意义上讲，你所做的工作，如果不能让企业持续发展、持续盈利，不能持续放大自身的价值，那这是没有意义的。

有一个哲学观点：忘记道德的经济是罪恶，忘记经济的道德是梦话。什么意思呢？如果你只去想所谓的道德，不去想怎么盈利，怎么生存，那其实都是梦话。因为这样做企业很快就会垮掉。所以从这个意义上来讲，定任务一定要明确。你要明白你是为了什么目标而完成任务。反过来说，忘记道德的经济是罪恶，是说脑袋里总想着赚钱却不承担社会责任是不现实的做法，企业家需要在道德的基础上赚取合理的利润。

3. 如何破"定薪级"

很多企业要求我们帮他们设计宽带薪酬、薪酬等级。为了拉开薪资距离，为了同岗不同酬，等等。这些设想在过去看是有价值的。但是在今天这种组织管理高度扁平化的时代，很多岗位都可以相互交叉，定薪级的价值就大打折扣了。当然，在一些特殊行业中，薪级是必定要存在的。比如生产型企业，人数较多，员工的职业生涯规划比较模糊，通过薪级体系，能够让大家看到更多在层级上的激励。定薪级，有升就必须得有降。很多企业经常会出现这样一个现象：给一个人提高了层级以后，这个人会变得小富即安，不思进取。因为通常情况下是不会再把他的层级降下来的。但是凭什么不会降呢？所以薪级必须是灵活的、浮动的，否则容易助长懒人。

4. 如何破"定员"

定员也可叫定编。这个在某些企业中是有存在必要的。为什么呢？比如在高科技行业中，航天医疗是要有非常强烈的定员意识的。但在一些常规行业中，或者是不那么严谨的行业中，就不是很有必要了。

很多员工或者部门组长完不成任务时，经常会给领导反映人不够用。其实这种现象，都是我们在工作过程中出现的漏洞引发的。

定员容易导致人效低。比如软件行业的人效人均产值一般为20万到30万，常规的制造业可能是40万到200万之间，而高科技产业人均产值能达到上千万。所以在定员中需要作细分。第一类是利润中心，需要通过组织不断的裂变去扩大；第二类是成本中心。

所以在新时代和新生态环境下，就得将理念重构。四定不破，人效难增。那四定牵涉的核心是什么呢？就是责权利的重构。关于责权利的重构国内外已有很多非常成熟的模式，它们自身已经进行了很多试验，然后通过在行业中的无数次验证逐步成熟完善。

戈剑：传统四定模式，其背后是一种以"人治"为代表的金字塔式层级组织，强调秩序和控制，存在着很多弊端：

（1）流程以企业为中心，层次传递、反馈、指挥、决策链冗长，反应速度慢，决策质量低；

（2）中间层级膨胀，部门壁垒厚重，边界分明，官僚主义盛行，冗员严重；

（3）市场压力难以快速有效地传递到企业内部每一个员工身上；

（4）职能平台指挥、控制过多，对一线支持、服务过少，资源配置效率低、效能差；

（5）在目标设定、费用审批、定岗定编、前后台协同等方面，上级与下级、企业与员工、部门与部门之间相互博弈；

（6）传统的BSC、KPI绩效管理系统实质上属于后置行动，无法实现即时的纠偏改进；

（7）员工成为被动的执行者，缺乏动力、热情、活力和创新，自我驱动的意愿低。

林江华：杰克韦尔奇曾说过，优秀的企业，总会让人有适当的不安全感！市场外部的压力，如果不能通过"机制"传递到企业内部，就只能靠领导者的"人治"驱动组织的前行！

麻江县供电局划小核算的切入口分为两块：一是网格化管理，区分价值创造与价值分配的主体；二是划小工资分配单元，这是薪酬划块的基础思想。

（二）系统思维：自上而下，系统化设计

与华为倡导的面向客户的"铁三角"作战单元相比，日本"经营之圣"稻盛和夫的"阿米巴经营模式"更具有自上而下进行系统化设计的特点。

京瓷也有事业本部、事业部等部、课、系、班的阶层制，与其他日本公司一样。但京瓷内部还划分了数千个被称为"阿米巴小组"的单位，作为最基层的工作组织，多则数十人，少则三五人。阿米巴之间通过内部结算机制开展合作，各小组之间能够随意分拆与组合。每个阿米巴小组都是一个独立的利润中心，就像一个中小企业那样，集生产、会计、经营于一体，自行制订计划，独立核算，持续自主成长，让每一位员工成为主角，"全员参与经营"。这样，稻盛和夫在横向上按市场驱动方式把"大企业化小"，以求得最快的市场反应速度。

在纵向管理上，稻盛和夫依靠的并不是管控，而是价值观的协调一致。他认为，人性都有善恶两个方面，制度只能阻止恶的方面，但不能最大化地激励善的方面，首先要确保3000个阿米巴的负责人都认同"敬天爱人"的思想。在激励机制方面，直接的物质刺激在短期内有效，长期而言则会导致矛盾甚至怨恨。阿米巴注重能力和业绩的同步提升，然后通过加薪、嘉奖、晋升的"整体激励"体现出来。这套体系在京瓷、KDDI都大获成功。目前，日本已有超过300家的企业在京瓷公司的指导下引进了"阿米巴经营模式"，业绩得以大幅提升。

稻盛和夫曾经讲过："在京瓷，以我的'会计学'和被称为'阿米巴经营'的'小集体独立核算制经营管理体系'作为两大支柱，支撑着经营管理的根干。这也可以比喻成一间屋子，京瓷的经营哲学是地基，由我的会计学和阿米巴经营两根柱子相互支持，缺少其中任何一根柱子，这间屋子都撑不起来。"

京瓷哲学概括了取得成就的方程式，成功是由思考方式、热情和能力三个因素决定的。热情和能力主要是程度上的差异，所以人与人之间的差别可以用0~100来体现。思考方式因为存在对和错的选择，所以差异体现在-100到100之间。思考方式具体由理念和人格决定，世界观、人生观和价值观代表了一个人的人格，也决定了人的理念和选择，京瓷将这部分称为"心法"。热情具体反映为一个人的努力程度，成功需要"付出不亚于任何人的努力"与坚持，而能力的瓶颈则与人的天赋有关。于是，成功就是"拥有天赋的人以正确的心法为基础，付出不亚于任何人的努力与坚持"的自然结果。在京瓷哲学的背后，存在一个基本的假设，即组织的成功取决于人的成功，企业雇用的是一个无限可能性和创造力的大脑，而不仅仅是一双手。

$$\text{人生·工作结果} = \text{思考方式} \times \text{热情} \times \text{能力}$$
$$-100\sim+100 \quad 0\sim100 \quad 0\sim100$$

京瓷的经营会计区别于传统的财务会计，需要经营思维上的变化，财务核算结构和方式也不同。传统的财务会计，是先看变动费用，后看固定费用。原料属于变动费用，采购的时候不会太心疼，因为原料变成产品是可以赚钱的；而人工成本属于固定费用，是沉没成本，能省则省。京瓷的经营会计则强调改变"固定费用是费用"的思考方式，认为固定费用是生产力，应该当用不惜，反而是变动费用应该当省则省，限界利益（限界利益=销售价-可变费用）才是企业真正的收益。

阿米巴经营模式的具体做法是把整个生产过程分割成若干个小的工序作业单位，每道工序形成独立的核算单位。按照销售最大、费用最小的原则，同时考虑单位时间，计算每个小时的劳动所产生的附加价值，从而清楚地知道每个核算单位的生产效率。这样的作业单位并非是固定不变的，随着事业的发展，只要将它像单细胞生物阿米巴一样进行分割或者增值就可以了。这与划小核算单元的思想是一致的。

阿米巴经营模式主要有三个目的：第一，确立与市场直接挂钩的分部门的核算制度。第二，培养具有经营者意识的人才。第三，实现以经营哲学为基础的全员参与的经营。因此，阿米巴并不把考核结果和个人及团队的收益挂钩。阿米巴考核的作用是让阿米巴领导人得到提升，承担更大的责任，有更大的事业舞台；经营单位了解自己的经营状况，找出改善问题的方法，提高经营业绩。阿米巴是业绩改善的工具，是发现人才的方法，却不是奖金分配的依据。

由此可以看出，阿米巴的实施，源于京瓷哲学（敬天爱人，如何成功）与"经营会计"并行，互为支撑。经营会计与财务会计理念和核算方式的差异，根植于京瓷哲学，而阿米巴的实施必须得到经营会计核算的支持。阿米巴的操作是划小核算单元，通过精细化的核算让阿米巴经营单位及时准确地了解自己的经营状况。其本质是经营管理过程的透明化，企业与员工之间"考核与被考核""监督与被监督"关系的变化。阿米巴不是为了物质刺激，而是为了找到改善问题、提升业绩的方法，找到帮助员工成功的方法，发现经营管理人才。如果只是形式上的划小组织单元，没有经营会计核算做支撑，没有根植于京瓷哲学的理念意识上的变化，也不是真正意义上的阿米巴。同理，麻江县供电局的划小核算以及后来推出的"自主绩效"，如果没有聚焦于改善业绩，仅是停留在考核、分配上，也很难有长远的价值。

林江华有一个常挂在嘴上的观点：如果说组织结构相当于一个城市的规划设计图纸，那么城市一旦投入运营，就需要明确各种交通规则，以及城市公民的权利、义务和法规等，以保障城市的秩序，并推动城市的持续建设与发展。那么，这些类似于交通规则的制度规范体系在城市设计之初就需要考虑，"运行规则"是否清晰决定了组织与组织之间的协同方式，也决定了城市的综合运营效率。

事实上，麻江县供电局一直秉承着"企业的发展并不在于自身有多少人才，而在于企业能整合多少人才"的观点。而它一直在做的，也是统筹所有最优资源，实现最佳的价值创造。这种理念关注了人的创造作用的发挥，重视的是产出的结果。

麻江县供电局以责任中心为导向的划小核算单元，从以前的N层组织结构变成了结构清晰的扁平化、网络化架构，分工明确，链条精确。与以往的正三角组织不同，倒三角结构从用户的外部驱动转为组织内每个人的内在驱动。员工可以根据用户个性化需求的变化，灵活创新，实现从用户与员工的近距离到用户与企业的零距离，每个员工都可以发挥自己的价值，从而增加企业本身的价值。

（三）协同思维：规范化管理提升组织效能

制度是土壤，文化是空气。制度规则体系通过定义组织中行为的好与坏、付出与所得的因果关系、岗位员工之间的协作关系等，潜移默化地影响员工的行为和思维方式，从而影响整个企业的氛围。只有当规则体系与组织结构相互匹配时，组织结构的设计才有了真正实现的基础。

随着企业规模、业务边界的扩大和管理复杂性的增加，内部组织的分工也会越来越细化，制度、流程等规则体系也会越来越庞大。我们把企业发展过程中内部管理体系精细化的过程看作"持续的规范化提升",从某种意义上讲,管理的规范化有利于经营过程的透明化,使得企业能够改变对结果的被动反应而实现对过程的控制,并因此规避重大风险。然而,这样的风险控制不能以一味地牺牲效率为代价,过于复杂细化的程序会造成对系统效率的制衡。事实上,企业需要寻找风险控制和效率保障之间的平衡。

与此同时,管理的规范化建立在组织结构分工相对稳定的基础上,而管理体系的固定化也会加剧结构和分工的稳定性。对于发展中的企业而言,稳定是临时的,不稳定反而是常态,整体的稳定并不排除局部的不稳定,管理体系在追求稳定的同时,也需要兼顾阶段性或局部的灵活性的需要。本质上,管理体系的规范化程度需要匹配公司业务延展节奏的需要。与此同时,管理体系的持续细化和复杂化,在体现分工精细化的同时,也需要关注系统效率的问题。

事实上,大多数中国企业还远远没有发挥出专业分工的规模和效率空间,因为从上到下,从企业一把手、管理层到员工,在职业化和专业化方面还有不同程度的提升空间。很多时候,企业的改革面临的不是流程链条过于烦琐、分工过细后太过僵化而需要整合的问题,而是流程不清、链条衔接不上、因为流程环节单点上人员专业能力不够,导致流程掉链子等流程尚未真正形成、管理尚未进入真正规范化的问题。

因此,对于大多数中国企业而言,在沿着"管理制度化、制度流程化、流程表单化、表单信息化"走向管理规范化的过程中,不必过早地担心管理精细化可能带来的效率制衡问题。一方面,企业需要真正理解制度流程表单等管理体系设计与优化对于组织分工和效率的意义,而不是为了管理而管理;另一方面,基于业务的逻辑和不同阶段的发展命题思考管理体系配套的需要，而不是不顾自身阶段和特征，跟风式地学习和应用所谓优秀的管理实践，要在风险控制与效率之间平衡、在稳定性和灵活性之间平衡，实现业务与管理之间的有效互动。

从这个意义上讲，虽然中西方企业的发展路径可能有所不同，但从管理的成熟度来看，许多中国企业面前的道路还很长。但麻江县供电局在管理的规范化和领域细分上有着自己的一套流程。在调整结构时，它按照"强化职能业务相近部门的业务协同和岗位融合"的思路，对现有组织架构进行调整。将党群工作部、监察审计部与局办公室合署办公；将物资仓储配送站与生产设备部合署办公；撤销输电管理所；将通信班职责延伸到信息、自动化方面并更名为信通自动化班；将供电所营业厅人员和业务划归到客户服务中心进行统一管理；将客户服务中心营业班的岗位整合为"客户业扩"岗；将变电管理所集控中心和修试班进行合并，更名运检班；按照"运检合一"的模式，将变电管理所技能岗位整合为"运检值班员"；将供电所营业班和配电班进行合并，更名为"配网综合班"；将供电所技能岗位整合为"配网综合岗"。

麻江县供电局的管理规范化所沉淀的组织能力能够灵活适应动态的业务发展，并植入了创新和自身动态更新的基因，这将会成为企业真正的核心竞争力，支撑企业长久发展。

四、用"划小核算"实现资产实物管理和价值管理的统一

欲穷千里目，更上一层楼。在一切都是摸石头过河的情况下，麻江县供电局通过划小核算单元，调整组织架构，调整绩效薪酬模式，打破人与

组织的界限，建立了一个开放的人力资源管理平台。在这个过程中，企业能够以扁平化、平台化的方式通过员工发掘并且实现用户的需求，既让员工在专业领域上实现了自我价值，还让企业在互联网时代满足了各个角落的用户需求。

（一）从供电局当前的核算方式说起

目前供电局体制均为分公司形式，县公司也不例外。按收支两条线管理，财务报表不能全面反映企业的生产经营状况。

财务状况方面：县级供电局没有注册资本和负债，所有者权益和带息负债为零，其生产经营所需资金由公司统贷统还，没有偿债压力，不能及时揭示财务风险，降杠杆减负债、投入产出评价缺乏手段。

经营效益方面：县级供电局的报表上体现的利润既没有反映电力销售的购电成本和资金筹措成本，也没有反映为供电局生产经营提供支撑、服务单位的营运成本，利润不完整，效益评价不客观。

现金流量方面：目前供电局根据经营及投资预算按月向公司申请使用资金，并不关心现金的收支平衡状况，现金流量对经营效益和财务状况的影响没有得到直观的传递，如工程投入占用大量资金。

（二）划小核算单元的目的和意义

划小核算单元，可以通过负债、权益的分摊，对供电局实行子公司管理，促使供电局从收入成本中心向利润中心转换，推动责权下沉，强化效率与产出意识，调动供电局的经营活力；通过落实"拨款改贷款"机制，强化地市级供电局的成本效益意识，增强资本约束。

通过划小核算单元，供电局可以实现经营指标透视化效果，将以前分公司核算下不能分解落地的资产收益率、总资产报酬率、总资产周转率、应收账款周转率、资产负债率、已获利息倍数、资本保值增值率等指标直观量化到地区供电局,多维度披露供电局盈利能力、发展质量、财务风险和成长能力,展示各供电局的经营状况,引导供电局健康发展、努力争先。

(三)划小核算单元的具体做法

通过财务核算及信息化手段,对供电局实行模拟子公司核算,建立完整的财务报表体系,通过财务报表使经营管理人员掌握本单位经济活动、财务收支和财务成果的全部情况,分析本单位在经营活动中存在的问题,不断改进经营管理工作,正确进行经营决策,提升经营效率。

1. 合理核算供电局利润,全面反映经营成果

电力销售收入:按各供电局的售电量、售电价确认,售电量区分市场化(分电压等级)、非市场化(分用电类别)。

购电成本:按公司统一购电价结合各供电局线损率、供电量转账到供电局的购电成本中。

供电成本:供电局的供电成本包括供电局自身发生的供电成本以及分摊的与电力销售有关的综合单位成本。其中,职工薪酬按工资总额、职工福利费、各类社会保险等确认;折旧费按固定资产原值结合折旧率确认;材料修理费按实际发生的生产检修及营销检修费用扣除增值税进项税确认;其他费用为与生产经营有关的物业管理费、委托运行维护费、财产保险费、研究开发费。分摊成本按供电局售电量与综合单位发生的和电力销售相关的成本加权分摊(主要是运行检修公司、电力调度控制中心、电力科学研究院、信息中心、物流服务中心、电网规划研究中心等单位)。

资金使用成本:一是将公司对地区供电局申请使用的资金由"拨款"

转化为"内部贷款",并按照贷款利率计算资金成本。二是将票据运作情况引入资金成本计算,根据地区供电局月度收取承兑汇票金额,按照票据平均到期时间以及贷款利率计算资金成本;同时,根据地区供电局月度开具商业汇票金额,按照票据到期时间以及贷款利率计算并冲减资金成本。

其他损益项目:指供电局因非售电业务产生的损益,包括外委工程损益、资产报废、减值损益等。

2. 完善权益、负债项目,揭示供电局投入产出水平

将公司对地区供电局申请使用的资金由"拨款"转化为"内部贷款","内部贷款"按存量+增量的方式确认。根据地区供电局上年年末固定资产原值占比情况,将公司上年年末带息负债余额进行分摊,形成各地区供电局"内部贷款"期初余额,根据月度现金流量情况,按月计算现金收支净额并相应增减贷款本金。

将省公司对地区供电局的资本性投入分析转为净资产。

3. 补足现金流动链条,完整反映供电局现金余缺

将公司统一支付的购电费、物流中心统一支付的物资材料款等现金流出分摊至地区供电局,完整反映供电局经营活动、投资活动、筹资活动产生的现金流量净额,科学评价供电局筹措现金、生成现金的能力。

4. 完善考核激励机制

省公司立足于利润中心的定位,公司通过利润和资产负债率两个指标考核地区供电局。通过目标完成、同比改善、贡献对比三个维度激励地区供电局创造效益,精准完成公司经营目标。

(1)精准完成利润目标。各地区以省公司下达的利润目标为强管控

标，供电局必须确保精准完成。

省公司下达的经营预算指标，以预计的各地区供电局售电量、售电价扣除购电成本、供电成本、资金使用成本、分摊成本后，加减其他损益得到各供电局的目标利润。

地区供电局经营管理者应从月度报表中分析销售收入实现情况、成本发生进度、利润完成、现金余缺及资产负债情况，及时发现经营短板和财务风险，积极增供扩销，以求创造更多效益。根据实际经营情况和年度经营目标的对比，及时调整经营节奏，优化资源配置。

因增供扩销带来的效益增量由地区供电局申请公司批准后，在安全生产、科技创新、精益管理等方面增加投入。公司对严控经营目标并利用效益增长补足生产经营短板的供电局在绩效考核时加分奖励，对经营目标失控的供电局不予加分，对未完成经营目标的供电局予以扣分。

（2）经营改善与利润贡献相结合。在完成公司经营目标的基础上，公司按各地区供电局单位资产内部利润同比增长和利润贡献度两个维度对供电局进行考核，衡量各地区供电局通过努力改善经营的成果以及价值创造能力的大小。

（3）突出资产回报，严控资产负债率。划小核算单位后，资产负债率将作为考核指标之一，公司"降杠杆减负债"任务目标的落实具备了操作路径，各地区供电局除了关心利润完成情况，还应关注一定经营期间的投入产出水平和盈利质量，统筹安排好投资带来的资产占用和负债增长。

5. 划小核算单元延伸至本部部门管理

公司本部各部门是典型的成本中心，但按各部门归集的成本并不完全。目前已按部门归集的费用主要是各部门办公费、差旅费、业务招待费等日常经营费用,而各部门的资产占用及由公司统一结算的本部修理费、车辆使用费、固定资产折旧费、水电费等费用没有量化到各部门。今年,公司拟将统一结算的成本费用按人员、使用频率等驱动因素量化归集至公司本部各部门,使人人肩上有成本。

麻江访谈录之《经营者的心性:见自己、见天地、见众生》

王京刚: 林局长,麻江绩效管理的阶段性成果,说到底是因为认知的转变。有人说麻江局的管理干部都像堂吉诃德一样具有战斗精神,请问这种群体性的努力工作的意识,是怎样形成的呢?

林江华: 麻江县供电局其实并没有什么成果,只是我们这些年,不断地让团队成员构建认知底层的逻辑,不断升维自己的思考格局,否则大家都在一个低维上思考问题,并且还不能同频,那么整个组织是很难步调一致的。

第一层级,也是最底端的,只知好恶。好比婴儿时态的人类,饿了就吃,不分场合。这也是极端情绪化的一族,饱受认知不足的困扰,他们总是陷入到窘境却找不到解决的办法。

生活中有许多这样的人,一生也走不出自己的情绪。那么管理者就要通过管理机制的设计,让他们跳出自己的认知逻辑。

第二层级,墨守成规。

处在这个层级的人只认"书本"上的东西,并不知道见识与认知的重要性,也无法把听到的信息转化成自己所需要的知识。这个群体的人需要有人引导。

第三层级,认识到规矩的局限性。

最守规矩的员工,是企业里最懂事、听话的员工。

但这类员工在社会上多半会遭遇挫折失败。因为他们只是因为恐惧而不敢乱说乱动,等他知道许多所谓的规矩,不过是成年社会出于省心而承袭的惯性,才能从恐惧中走出来。

到这里为止,有条隐秘的贫富分界线。过于情绪化的人、墨守成规的人、满心恐惧的人,都会感受到极大的生存压力,必须继续上行,才能突破。

第四层级,明是非,知大体。

学习规矩,认真工作,这是对员工的基本要求。

在企业待了一段时间之后,员工的行动能力会有所提升,就会明是非,知道有些事不能做,有些话不能说。

所以这是个血性方刚的人努力向世界证明自我的过程,但如果不能超越这个阶段,就无法突破自我。

第五层级,认识到是非的局限性。

这个阶段的人,知道了企业是有阶段性的,是会发展变化的。

有些看似牢不可破的金科玉律,会随着时代的变化而变得落伍。这时候人开始思考,开始行动,开始接受一个不确定的世界。

第六层级,认识到现实资源的有限性。

什么叫现实资源的有限性?比如在村里分红薯,红薯的数量有限,你多拿走一个,我这边就少了一个。无论这些红薯怎么分配,都是绝对的不公平——按人口分,家里壮劳力多的人不干;按劳动贡献来分,贫弱之家就有可能被饿到。

企业中员工的一切愤怒、冲突、怨气与对抗,都来源于资源的分配不均。现代社会最匮乏的是注意力资源,权力与能力争夺稀缺的社会注意力，带给更多人极大的困扰。

到这里为止，又有条不可见的生存线。

第七层级，认识到人的发展性。

什么叫人的发展性？就是你的选择和努力，可以改变你的环境与命运。敢于行动的人，总会遇到他们特有的机会。

麻江县供电局有很多优秀的同事，他们不断改善自我认知，通过自己的选择和努力，走出命运的低谷，获得展望未来的机会。

第八层级，认识到万古不变的人性与社会规律。

认识人性，说透了就是认识自己，认识到自己心中的纠结与残缺；认识到每个人与生俱来的苦伤；认识到人在社会上的表现，充满了无尽的矛盾与困惑；认识到人之幼年的缺憾，会构成他终生走不出的陷阱。

这时候你对人再也不会有恨意，不会有怨言，因为你知道众生皆苦，一切都是庸人自扰。

第九层级，认识到人生的至高意义与价值。

冲出人性的迷障，就得以问鼎于智慧极峰。此时心境澄明，无苦无忧，洞穿了这个世界的本原，获知了生命的价值与意义。

王京刚： 您说的很有层次也很有高度。在生活中，能够达到第九层认知的人少之又少。而很多人都是认知处在第七层，但人却在第五层。在经营一个企业的过程中，我们会发现，极少有员工能跳出个人的格局，去看待自己、看待万物。您觉得呢？

林江华： 我觉得你说的情况应该是大多数企业都会存在的。其实经营企业就和练武功一样，同样有三重境界，见自己、见天地、见众生。"人"字，至简至繁。你想要走出限制放宽自己的格局，首先要做的就是构建认知。构建认知的底座非常重要，它会决定你一生的价值取向。

本章小结：

  1.本章讲述了在供电侧改革、激烈的市场竞争的背景下，作为一名经营管理者，一定要站在全局的高度思考问题，要能够从不利的环境中预见未来可能的发展趋势，看到胜利的希望，树立必胜的信心。麻江县供电局从2014年以来，建立并逐步完善人力资源管理机制。它敢于迎接时代的挑战，因此，它的阶段性成果，不仅是企业自己的努力，也是时代的选择。

  2.本章通过讲述麻江县供电局在最小细胞上统一责、权、利，把企业与用户的关系直接简化为员工与用户的关系，缩短中间链条，划小核算单元，发挥员工自身特定的价值。

  无论时代发生了怎样的变化，企业都要在目前所处的环境中站在更高的层面想问题。在所处的局势中利用敏锐、长远的目光来看待问题、解决问题。

第二章 ▶▶▶

建立"以客户为中心"的平台型组织

本章内容提示

　　金字塔式的组织结构已不再适应市场化改革的要求,扁平化组织也不能被传统国企生搬硬套。麻江县供电局自主绩效变革,首要的是改变企业传统的组织结构。以"去中心化、协同式分工、分布式决策"为特征的新型"平台型组织",真正像一个平台,撑起了麻江县供电局管理变革的新局面,提高了组织运行的整体效率。

　　◈ 组织调整的原则与流程

　　◈ 积沙成塔:组织调整需要一步一步来

　　◈ 组织调整和职能优化的成果

第一节 组织调整的原则与流程

导入故事：

"蜂群思维"（Hive mind）是凯文·凯利撰写的《失控》一书中的词，其主要描述的是一种群体性思维。生物的行为与人类的行为具有很强的相似性，人的行为可参照生物群来思考。蜂群工作的组织结构，与麻江县供电局现有的组织结构不一样。

蜂群是彻底的母权制，蜜蜂世界的组织结构里，只有一个权威，就是蜂后。每个蜂群通常只有一只蜂后，配置数千至数万只工蜂，此外，蜂群还有一些雄蜂。在同一蜂巢中的工蜂，因龄期不同可以分为三个不同的工蜂群：保育蜂、筑巢蜂和采蜜蜂。工蜂靠蜂舞来传递信息。

蜂群内不同的分工协作使得蜂巢构成了一个有机整体。就像一个细胞或者一个人，它表现为一个一元整体，在空间中保持自己的特性以抗拒解体，既不是一种事物，也不是一个概念，而是一种持续的波涌或进程。蜂群思维的伟大之处在于，一只小蜜蜂的机体所代表的模式，只适用于其十分之一克重的更细小的翅室、组织和壳质。而一个蜂巢的机体，则将工蜂、雄蜂以及花粉和蜂窝组成了一个统一的整体。

蜂巢拥有大量其任何组成部分所没有的东西。蜂群思维能同时进行感知和记忆的分布式内存,是由许多独立的单元高度连接而成的一个活系统,具有典型的自适应性特征。蜂群思维一定超越了它们的个体小蜜蜂思维。要想从单只蜜蜂的机体过渡到集群机体,只要增加蜜蜂的数量,使大量蜜蜂聚集在一起,使它们能够相互交流⋯⋯

曾加劲沉浸在故事里,用力地挥舞着两只胳膊,那一刻,仿佛自己就是一只正在与小伙伴通力协作的小蜜蜂。

最后,这位主管营销的副局长点题了——凯文·凯利作了预言:未来的公司形态会不断地演化,去中心化,分布式,强化合作,适应变化,直到彻底被网络化。终极公司的形式将会变得与生物体相同,无缝地集成到生态圈中,成为其中的一个环节。协同是一种大自然的规律,微小的事物联合起来会产生能量、和谐和价值。我们要打造的就是一个共创共赢的价值创造生态圈。比如,输配合一,目的就是要发挥"1+1>2"的协同效应。既然强调协同,那就意味着——去中心化。

"员工将进入自我管理时代。"这是平台思维带给企业的最大的冲击,金字塔式的管理方式已经不适应互联网时代的要求。传统国企层级分明的管理方式,其工作模式有大量弊端:总部制定政策,分中心负责落地。由于总与分之间交流的障碍,很多政策并不能有效地被执行。分中心疲于应付总部各类硬性的关键绩效指标,很难依据用户需求去执行自己的工作任务。这种工作模式很容易造成人力资源的浪费,而在当今时代,引入"去中心化"的概念，能够有效实现组织的协同式分工、分布式决策，解决结构性冗员和缺员的实际问题。

一、麻江县供电局组织结构存在的不足之处

尺有所短，寸有所长，物有所不足，智有所不明。在2015年的创先工作梳理中，县局、地区局和省公司职能部门三个层级，都分别提出麻江县供电局在实际工作中所面临的问题。林江华组织团队分析问题形成的原因，明确到对应层级，最终形成45条问题清单。基于这45条问题清单，按照二八原则，从重要性和紧迫性两个维度筛选出影响麻江县供电局创先发展的六大重点问题，组织结构存在的问题归纳如下。

（一）供电所层面定位不清晰，管理不规范，工作负担过重，难以实现工作的"规范、真实、简单、有效"

国有企业单位组织结构的成熟，造成组织层级的烦琐。过多的组织层级势必配备了更多的管理者，管理人员的增加加大了协调和控制工作的难度。麻江县供电局作为传统的国有企业单位，众多部门和层次的复杂使得计划和控制变得更为复杂。一个在高层清晰完整的计划方案会因为逐级分层而变得模糊，而管理上的不规范也会让工作难度加大。有时上级的管理要求简单地传递到供电所执行，会造成供电所难以适应，疲于应付，挤占了业务操作的时间，直接影响到生产运行和客户服务的质量。造成工作效率低下的主要原因有：

1. 作为中间层的供电所，职能定位不清，运作效率不高

供电局不光承载着公共事业领域和重大基础设施产业，还涉及国家安全及重要基础性产业，不仅要承担公共服务的基本功能定位，还得创新

管理体系，以增强企业的竞争力。而笔者却在调研中发现，造成供电所工作效率低下的一个重要原因是定位不清晰，非业务工作时间占比大。作为公司最基层的组织，无法回避上级布置的工作，在工作和任务逐级分层时出现的责任和风险也跟着逐级下放，最终淤积在供电所，形成巨大的工作负担。按照麻江县供电局供电所以往的工作实际情况评估，在没有有效信息系统支持的情况下，这些管理工作几乎占到供电所员工近一半的工作时间。

2. 无法协同分工，重复工作多，工作负担大

组织结构的细分会一定程度上提高工作效率，但是工作的单一程度也受到了限制。供电局由于技术水平的制约，部分工作模式人力投入巨大。例如，传统人工抄表模式工作量大，在客户不断新增的情况下，供电所的工作负担越来越大；现金缴费比例高，产生了大量的缴费、催费等工作。供电所营销业务工作时间占比接近80%，其中抄表、收费、催费工作时间占比超过50%，而抄表就占到30%。但是营销班组人员仅为供电所总员的45%，工作忙时需要其他岗位的员工投入支持，侵占了大量生产运行的人力。因此，改善营销相关工作的效率是减轻供电所工作负担的关键所在。

（二）县局层面，存在结构性缺员、人员素质低、机构岗位设置不合理等问题

从本质上看，传统的人力资源管理特点为：低层次的职能管理（无法根据环境、战略的频繁调整而变化）、封闭局限的内部管控、强调个人而非整体、缺少前瞻性。这也就导致了落后的人力资源管理模式无法支撑组织战略，无法驱动组织业务。在人与部门、企业的关系日益复杂的现在，麻江县供电局出现了日常工作效率不足，质量不高，人浮于事的现象。同

时基层员工多关心如何执行工作，没有形成对工作中的问题进行分析、解决的思想，与创先所提的"更高标准的日常工作"目标存在较大差距。主要原因有：

1. 结构性缺员

在几乎所有的大型国有企业中，都或多或少存在"结构性缺员与冗员并存"的现象。麻江县供电局一方面为营销、高端管理人才、高端技术人才等的缺乏而着急上火；另一方面为技术和管理的变革出现的富余人员再上岗而烦恼不堪。因此出现了现有人员转型难度较大，全局呈现部分岗位冗员、生产岗位结构性缺员的状况。供电所生产人员数量较少，进一步加重了工作负担。但个别部门存在现有人员总体素质较低、技能单一，部分员工年龄较大或身患残疾的现象，向其他领域转型的难度较大，也使得县局通过内部调整解决人员结构失衡的问题沉积了下来。

2. 岗位设置不合理

传统的国企单位通常都有"因事设岗""因人设岗"等现象，专业技术人员相较于教育、卫生等行业占比较高，个别单位甚至达到了60%。而这就会出现像麻江县供电局一样的问题：人岗不匹配。麻江县供电局的机关部室有部分专业技术岗位设置过于细化，致使办事效率低下，资源浪费增多，思想僵化严重。有的职工的专业能力没有达到岗位设置的要求，在县局绩效没有完全量化到按劳分配的情况下，这些职工就不愿意做其他岗位的工作，所以导致一部分职工工作量太大，而一部分职工工作量又太小。

3. 管理层次较多降低工作效率

以前的工作强调粗放型管理，而现在精细化的管理越来越受到人们的青睐。具体到工作中，则是工作细化到每个部门、每个岗位、每个人、每个环节中去,表面上是有章可循,但是也在很大程度上降低了工作效率。麻江县供电局的部分机构设置不利于相互间的配合。例如,局办公室与党群纪检分开,行政管理相对分散,综合管理力度不够;物资仓储配送站的招投标和物资采购等职责划归到都匀供电局进行管理,单设部门不利于缩短管理层次和互相间的有效配合等。

二、组织调整的原则

(一)"去中心化"的原则

什么是"中心化"?简单地说,中心化就是中心决定节点,节点必须依赖中心,节点离开了中心就无法生存(见图2-1)。在企业管理中的"中心化",是指以领导决策层为中心,一线员工为节点的管理方式,一旦一线员工失去了领导决策层,就不能顺利完成自己的工作。

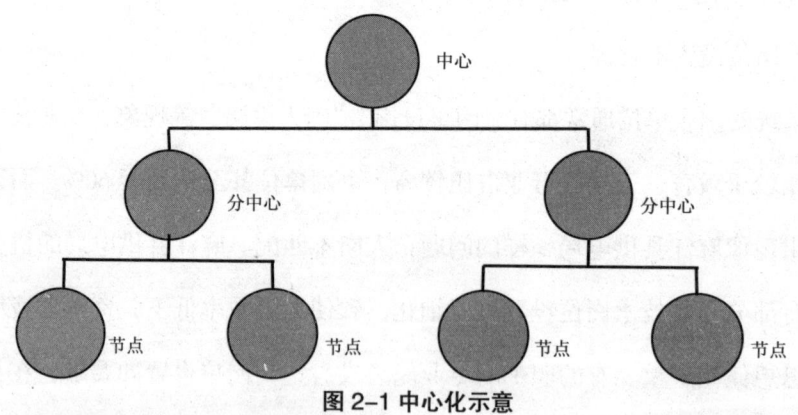

图2-1 中心化示意

现在的企业完全是和互联网结合在一起的,从某种意义上来说,资源是无限的。因此,共创共赢的生态圈也是没有边界的。由平台化支撑的并联生态圈在组织、营销和管理方面实现了从管理到智能管控部门的颠覆,即去中心化和去中介化。"去中心化",就是改变"中心化"的观念,逐步从中心决定节点的管理方式,转变为以发挥每个节点的积极性为主，由这些具有积极性的节点组成的平台，往往比集中式的平台更有活力。以前是"以权力为中心"，而现在是"以客户为中心"，这本身就是一个去中心化的过程。

在传统互联网时代下，所有信息的产生和传播都是围绕平台的运营来开展的。移动互联网时代则不同，所有人都可进行信息发布与传播，用户既可作为信息的生产者，也可参与到传播过程中，并作为信息接受者，而不再像传统模式下的那样，只被动接受企业给予的服务与信息。

麻江县供电局对于员工来说，最重要的定位就是"平台"。传统的人才是基于"人才是被动的、固定的"的雇员理念而设计的。"去中心化"打破了以岗定人、以岗定薪的规定。将中心与节点并联成一体之后，会为员工个人价值的创造打开一个空间。如果不把企业原来的结构颠覆重建，就不可能实现目的，不能发挥员工最大的积极性，也不可能实现企业的战略目标。

正如凯文·凯利在《失控》里提到的，"智慧不是一种集中式结构，而是由各种局部的纠结组成"。需要注意的是，"去中心化"不代表没有中心。只是将中心从"人"这种不可控的因素中，外移至可控并且中立的因素中。具体来说，就是将之前以领导决策层的决定为主要工作任务的业务操作模式，转变为各一线员工依据其所直接接触的用户需求为主，设定自己的工作内容。这样，"中心化"所造成的信息不对称问题就不会存在。因此在某种意义上来说，"去中心化"是一个"降权"的操作，同时对于个人而言，可控性更好。经过这样的操作后，整个组织的网络形态会成为一个"细胞组织"，他们互相很难受到影响，因而更加稳定（见图2-2）。

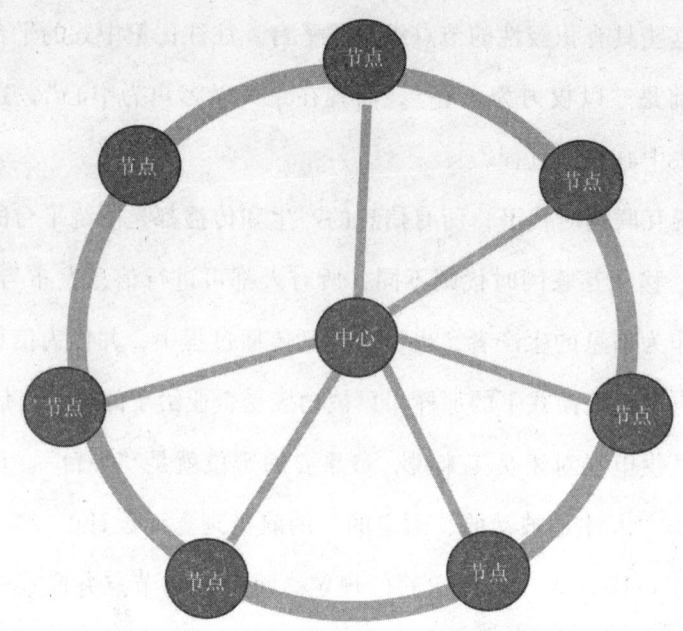

图 2-2 去中心化示意

图 2-1 和图 2-2 的最大区别,就是组织结构一个是自上而下一个是自下而上的。过去国有企业的权威是自上而下的,由于这种架构模式逐渐出现弊端,且跟不上时代的发展,现在将其改变为一种自下而上的参与式体系。企业内部也从过去单一的、自上而下的行政命令变成了多元的、平铺型的参与体系,这就相当于共同治理。"去中心化"最大的特点就是实现了节点之间的独立运作,并实现了由节点影响中心的结果,其强调的是由下至上的影响。这种"去中心化"的管理系统有两个主要特点。

1. 没有强制性的中心控制

"去中心化"最初是一个自然科学中的生态学原理。随着主体对客体的相互作用的深入和认知机制的不断平衡、认知结构的不断完善,个体能从自我中心状态中解除出来,称之为去中心化。其本意是指,每个人参与共识的自由度。用在麻江县供电局中，就是用独立的节点取代了强有力的控制中心，避免了信息不对称所造成的人力资源浪费问题。员工有参与决策的权利，并且在信息对称的前提下，有参与和决策的自由度。这意味着公平。供电企业采取"去中心化"的管理方式，将经营决策权下放至一线员工，由他们根据用户需求来自主选择工作任务。"去中心化"让每个个体都有机会成为中心，而且是没有强制性的中心控制，使得麻江县供电局的一线员工在制定工作任务时，能够切实依据用户需求，而非仅仅依据控制中心下达的命令。在这个用户需求多元化的社会，这种更为扁平化的业务操作模式更加适合供电企业的市场化改革，使一线员工可以自主而灵活地控制自己的工作内容。

2. 基层单位之间高度联结

基层单位之间的高度联结，不仅仅是指单位与单位、人与人之间的联结，更重要的是信息之间的充分连接和缩短交流距离、紧密了关系的联结。这种联结在一定程度上意味着更充分的开放和更广泛的交互。既然基层单位要实现高度联结，那么对于麻江县供电局来说，这将是基于共同兴趣、共同关切点、共同利益所延伸出来的共同事业。并且由于每个基层单位都依据不同的用户需求，改进了自身的业务内容，就是说每个基层单位的业务系统都不同，形成了不同的信息，这些不同的信息本身就具有巨大的价值。虽然这种信息连接得越充分，系统需要转化的信息和管理的更新需求就更高，但组织所获得的价值也越大，并且这种盘根错节的网络联系让基层单位之间产生的化学作用，发挥得更充分，每个基层单位所具有的潜力更大，归属感更强，更能反映组织的综合意志。

供电局在这种"去中心化"和调动基层单位之间高度联结的组织调整上，使所有企业成员不再被动地接受指令，而是开始主动寻找用户的价值需求点。麻江县供电局从过去的关注企业与人、人与人的关系配置上，提高到关注交互感与参与感的效果上来。

（二）协同式分工的原则

传统的管理观点认为企业是价值的创造者，用户是价值的享有者。企业要做的事情就是不断地识别用户的需求，并为用户提供有真正价值的服务。这种观点并没有错。然而，核心的问题是，企业如何才能够知道用户的真正需求呢？当今时代，企业如何才能够满足用户的个性化需求呢？

管理大师加里·哈默在《等级制度的隐性成本》一文中提到："真正导致员工敬业度低下的是集权造成的压抑。大多数公司都是由领导往下逐级授权，普通员工没有决策权。"然而，传统的供电局，管理严格、层级较多、规章制度复杂的模式，这非常不适合倡导"互联网+"的新时代社会和企业发展趋势。现代的管理观点认为，用户在企业创造价值的过程中蕴藏着巨大能量，企业应当将用户纳入其价值创造体系中来。用户的定义被颠覆了，他们不再仅仅是坐在家里的"价值享有者"，而是被定位为"资源提供者"和"价值创造者"。"用户即是资源"，这是新时代管理思想对用户的独特定位，这一定位和供电企业对用户角色的常规认知都不一样。企业应当转变自己的思想，用户资源是为了解决传统报表只计算销售额和利润的问题，其实销售额和利润是靠创造用户价值得来的，企业应当重视用户资源，努力创造用户价值，这样才能抓住销售额和利润持续增长的根本。

明确这个问题以后,要想创造价值,企业首先需要找到自己的用户,然后要亲自到用户那里,找到用户的需求,实现企业与用户的"零距离"交互。供电企业原本所采用的分工模式,是自上而下的。领导决策层制定政策之后,由分管部门将任务分配到各基层单位。这种分工模式容易造成"不切实际"的问题:领导决策层并没有直接与用户沟通过,不清楚用户真正的需求,制定的决策和业绩目标有很大概率会产生偏差。麻江县供电局传统的决策模式已经无法适应互联网时代用户个性化的需求,整齐划一、逐层告知的模式一定会被颠覆。

建立新的协同式分工模式,以直接与用户进行"零距离"交互的一线员工为中心,由一线员工提交所获悉的用户需求,将员工的视线转向市场,从用户需求出发,通过"市场促进机制"(见图2-3),让后台服务部门以及各职能体系,紧紧围绕用户需求开展工作,切实实现用户需求。华为同样也贯彻了这样的经营哲学——让听得见炮声的人来指挥战斗。

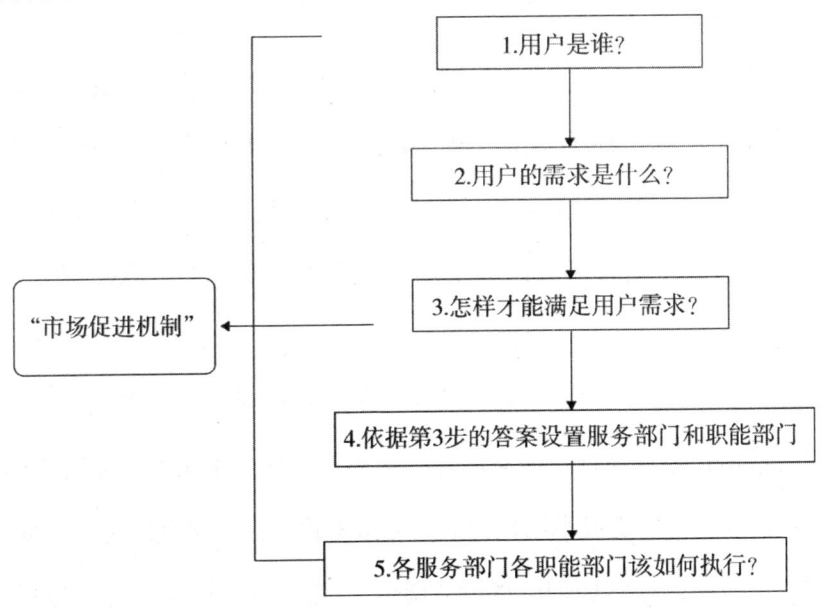

图2-3 "市场促进机制"示意

(三) 分布式决策的原则

随着科技的进步和社会的发展，尤其是在盛行数字化转型的当今世界，传统国有企业单位的集中式决策越来越难以满足组织对科学化、系统化、民主化决策的现实需要，分布式决策应运而生，并逐渐成为一种重要的决策方法。所谓分布式决策，是由多个部门（群体）遵循一定秩序，独立地开展决策并通过综合各部门决策结果作出系统满意决策的分析判断过程。

在麻江县供电局的信息平台上，分布式决策作为一种典型的决策模式，凭借其在信息并行化处理和多元化集成方面的独特优势，对组织基于大数据开展的现代化管理起到了异常重要的作用。在大数据环境下，组织为了实现数据驱动决策（Data-Driven Decision Making）的目的，往往需要尽可能多地提取并整合各个部门的决策信息，如数据、文本、态度等。

当部门数量较少，且部门间彼此独立时（小数据环境），这些信息既易于处理又具有互补关系，有利于辅助组织作出高质量的决策；当部门数量较多，且部门间联系紧密时（大数据环境），则不仅存在信息处理困难的问题，而且还会因为重复吸纳大量冗余信息造成决策失效的后果。

另外，麻江县供电局各个部门为了开展日常管理工作，采集并保存了大量的结构化数据文件，面对由内外部环境变化所带来的一系列新问题时，这些数据就会变成半结构化或者非结构化的，无法直接用于决策。结合前两个组织调整的原则，将组织调整为"去中心化"和"协同式分工"。各高层、中层、基层组织能够自我管理，并收集信息依据规则作出决策，既保证了组织的运行效率，也减少了组织处理无效信息的行为。分布式决策更能够适应组织结构，且适应数据驱动决策的模式。

三、面向客户的流程型组织

想要实现员工自领取并完成工作任务的良好工作环境，仅需要结合上述组织调整的三原则，按照下面的流程（见图2-4）做好三件事，建立一个员工可以进行自我管理的自主经营体系。

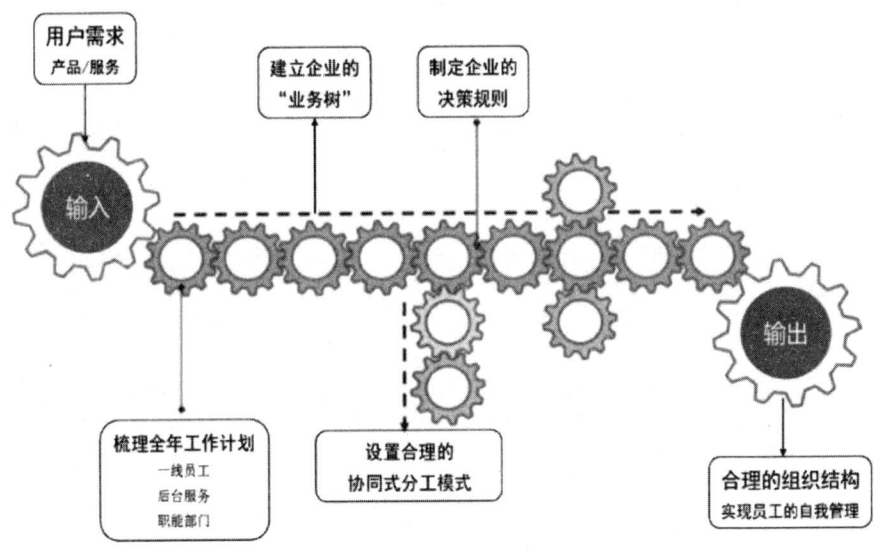

图2-4 组织调整为自主经营体的流程图

建立企业的"业务树"。首先通过"去中心化"，解决权力集中于领导层的问题，调整组织结构，建立扁平化组织，加强基层组织间的信息联系。同时，还需对部门职责、岗位业务事项、业务频率、业务流程、业务表单以及业务信息系统等进行梳理。通过对岗位的核心职责梳理，把原来岗位职责中的各类模糊内容，细化成"业务树"，减少无谓的组织规则与劳动过程。

设置合理的协同式分工模式。亚当·斯密曾作过以下总结：通过分工，劳动者熟练程度的增进，势必增加他所能完成的工作量，减少了由一种工作转到另一种工作的损失时间；在简化劳动、节省劳动时间的同时，也促进了机械的发明，加快了生产力的发展。所以说，推动创新管理模式就不应该只局限于某单一的主体，应该建立合理的分工模式，进行科学的"工序拆分"和"工序间协同"的相对统一。作为电力企业，要从根本上建立以一线员工为中心的平台支持。通过黏住一线员工，收集一线员工获悉的用户需求，采取"市场促进机制"，由一线员工根据用户需求，自主选择工作任务。同时，依据收集的用户需求，让客户服务部、安全监管部等后台与用户需求形成有效的衔接，使各职能部门紧紧围绕用户需求开展工作，合并或调整大量低价值的岗位。

制定企业的决策规则。英国著名管理学家西蒙说："管理就是决策。"可见决策确实是各级各类管理人员的首要工作。在麻江县供电局新的组织结构模式下，决策已经不仅仅是上级主管人员的事情，一线员工也需要作出决策。如果在面对用户时，还要进行问题梳理、分类、归纳的话，虽然能够做到有据可查、有章可循，但效率就已大大降低。企业可以在用户的需求链管理中，依据基层、中层、高层工作任务内容、性质的不同，制定出相应的决策规则，设定不同的决策权限，无论是"上报"还是"审批"，企业员工都应依据事先规定好的规则进行分布式决策。企业的快速反应机制从决策开始。

传统标准化、流水线、大规模、集中化以及相配的多级层制的组织管理机构体系，很大程度上就是统治、统一和集中权力。员工变成了该组织链条上的一个小小的执行单元，体现的更多是机械化的、单向化的工具性质。

第二节 积沙成塔：组织调整需要一步一步来

前文已经从总体上阐述了组织调整的整个流程，本节将会以麻江县供电局为案例，详细阐述流程中的具体操作方法。

一、"去中心化"，重建企业业务流程

科学的决策来源于调查研究。人的正确思想来源于哪里？只能从实践中来。要重建企业的业务流程，就离不开调查研究。广泛的调查研究就好比为麻江县供电局的决策提供了一个庞大的数据库。

组织调整的第一个步骤是梳理企业全年工作计划，重建企业的"业务树"。麻江县供电局通过 OGSM 管理方法，分解细化了全年的工作计划，并决定将部分经营决策权下放给一线员工。同时，麻江县供电局还用"5W1H"思维对部门职责、岗位业务事项、业务频率、业务流程、业务表单以及业务信息系统等进行了系统的梳理。通过梳理各岗位的核心职责，重新理顺了原来存在模糊内容的岗位职责，整合或删除了一些冗余、交叉的岗位职责，并将各岗位的职责细化成"业务树"。这种流程锁定了企业创造价值的关键内容，减少了无谓的组织规则与劳动过程。

(一)OGSM管理方法梳理工作计划

OGSM是目标项目化管理的简称。

- O(Objective)表示企业要实现的主要目标和方向。
- G(Goal)是为达到目的而需要进行的具体任务和项目。
- S(Strategy)是采取何种策略来实现目标以及实现目标的时间表、需要的资源等。
- M(Measurement)是对目标的完成进行考核的手段。

所谓OGSM管理,就是将企业的各项管理工作集中到企业的绩效考核指标和关键管理工作上,紧紧抓住管理重点,将目标量化,然后分解落实为各级部门的责任项目,进行实施推进、分析评估以及考核的一种管理方法。OGSM管理方法的推行,实现了麻江县供电局企业管理中,工作计划的量化、精细化、过程化和信息化,其主要表现为以下几点。

1.突出目的,集中重点

麻江县供电局紧紧围绕年度战略发展目标的实现,将企业的主要方向集中到完成市公司的绩效考核指标和本局的关键管理工作上,突出全局管理工作的主要目的和重点工作项目。这样做的好处一方面在于可以发挥麻江县供电局的核心、枢纽地位;另一方面在于能在供电侧改革的竞争压力下,增强市场的抢占能力。这样既能在新时代和复杂的社会环境中适应新业态、新技术、新模式,还能为之后用户的个性化需求、柔韧性服务准备。

2.战略落地,目标量化

英国的一项研究显示,有"数字力"的人的薪水,要比一般人多三倍,而没有"数字力"的人,失业率是一般人的两倍。由此说明,不管是个人树立工作目标，还是企业设定全年计划，如果能正确使用"数字力"，把目标量化，对实现目标将有极大的好处。麻江县供电局将市公司绩效考核指标和全年关键管理工作具体量化，将具体目标分解为可执行的项目策略，落实项目责任部门和推进时间计划，制订全局、职能部门、后台、班组等几级联动的 OGSM 计划法，实现层层分解、层层落实、层层保证，建立了科学合理的全年工作计划。

3.绩效考核，全面推进

传统的绩效考核是基于职位的静态估计，而非动态评价。将绩效的维度直接和收入、利润挂钩，缺乏对长期战略的支持，但是多维的综合评价操作起来又比较复杂。麻江县供电局在对全年工作进行了详细规划后，也为全年的绩效考核打好了坚实的基础，给之后全面推进绩效考核做好了准备。一是落实绩效考核办法，绩效考核的指标可以依据工作计划制定；二是对关键管理工作的考核，以计分方式建立自上而下的逐级量化考评制度，推动全局目标、项目的全面完成，实现了目标、项目、措施、责任分解和实施过程的精细化。

具体的 OGSM 管理工具使用方法，会在后面的章节中提到。

（二）"5W1H"管理思维重建业务系统

"5W1H"管理思维，即"Five Ws and One H"分析法，也称"六何分析法"。该方法是从以下六个方面对目标计划提出问题，并进行思考和决策的思维程序：

Why(为什么要这么做)——明确工作目的；

Who(由谁来执行和完成)——明确执行工作的人员；

What(要做什么)——明确工作的内容；

When(什么时候执行)——明确工作的时间表；

Where(在哪里做)——明确开展工作的空间位置；

How(如何执行)——明确完成工作的方式和方法。

"5W1H"分析法具有简便、易于理解和使用、富有启发性等特点，适用于梳理各项具体的工作流程，有助于全面考虑工作内容，通过完善各项工作的管理方式来提高企业的效率和效益。麻江县供电局采用"5W1H"管理思维对部门职责、岗位业务事项、业务频率、业务流程、业务表单以及业务信息系统等进行了系统的梳理。主要表现为以下几点：

1. 建立了清晰的业务清单

麻江县供电局依据县局核心业务管理指南、供电所业务指导手册，按照"5W1H"的管理思维，明确了各部门各工作人员"为什么做、做什么、什么时候做、在哪儿做、怎么做"自己的工作，列出了清晰的业务清单。在此之前，有的部门的岗位职责不太清晰，对标准执行存在偏差，岗位界定不清晰。通过梳理部门的工作职责和岗位职责，让部门每一位人员明白"管什么、怎么管，干什么、怎么干"，从而更加规范地完成工作，为响应局里开展的"计划驱动，统筹执行，评价有据，持续提升"规范化管理模式奠定了坚实的基础。(来源：《麻江县供电局计划建设部创先工作总结》，2016)

2. 量化了繁杂的工作内容

在人力资源部门开展的业务梳理过程中，通过2015年各项临时工作转化的日常工作的补充录入，共增加业务事项69项。人力资源部作为管理部门，牵头开展了模板的制定、梳理思路的讨论、梳理成果的审核以及印刷成册等工作。在建立了清晰的业务清单后，很容易发现哪些工作岗位存在职责交叉、重复，对麻江县供电局的岗位职责进行了重新梳理，整合或删除了一些重复且模糊不清的工作内容，保留内容详细并能对其进行考核评价的工作内容。（来源：《麻江县供电局人力资源部2015年工作总结》，2016）

3. 形成了科学的业务系统

经过前两个步骤的系统梳理，清晰的业务清单和可量化的工作内容已经呈现。在麻江县供电局的努力和相应的组织模式的支撑下，经过整合，形成了其独有的，并且完整、科学的"业务树"系统，这为员工明确自己的工作内容提供了依据，也为企业统筹各种优质资源、满足用户的个性化需求提供了基础。

二、"协同式分工"，用市场促进机制锁定用户需求

协同式分工，关键是谁与谁协同。传统企业的分工，多是由上级为下级指定任务，下级被动接受。麻江县供电局的协同分工体系中，用户是"派工"的主体之一。员工拿到用户需求后，再通过"市场促进机制"，让客户服务、安全监管等后台与用户需求有效衔接。

我们从电网企业多年的管理实践中不难看出，优秀的企业都明白一个基本的道理：保持竞争力的核心手段是进行持续性创新。创新从环境上来讲，又分为内部创新和外部创新。当然，企业可以通过各种方式创新，创新的手段也是千变万化的，但是，唯有与用户共同创新才能真正满足他们的个性化需求。电网企业的用户在行业性质上千差万别，有的用户只需要简单的用电服务；而大用户、高能耗的用户，需要的可能是用电侧的一系列维护、提示，甚至是直接的电力售后特供服务。

互联网时代，资源的获取变得更加容易。我们不难发现，电力营销滞后于用户需求。对大量终端用户的特性缺少分析探究，没有完整的售前、售后服务体系，这种状况制约着电力销售，影响了电力市场的正常发育，形成了有效需求和电力结构矛盾并存的电力销售市场，无法充分满足居民的用电需求。

林江华说，售电量等指标，解决了传统报表只计算销售额和利润的问题，但是客户的满意度和员工的收入，是靠创造用户价值获取的。OGSM 和 5W1H 就是在告诉员工怎么去创造用户价值，这就抓住了绩效落地的根本。

麻江县供电局在营销端成立了"虚拟售电公司"，营销端积极向用户端发力，寻找业绩突破的可能（见图 2-5）。麻江县供电局的做法，给员工创造价值提供了清晰的方向：要想创造价值，首先要找到自己的顾客，然后亲自到顾客那里，发现问题，解决问题，在与用户的协同作业中，一起创造价值。

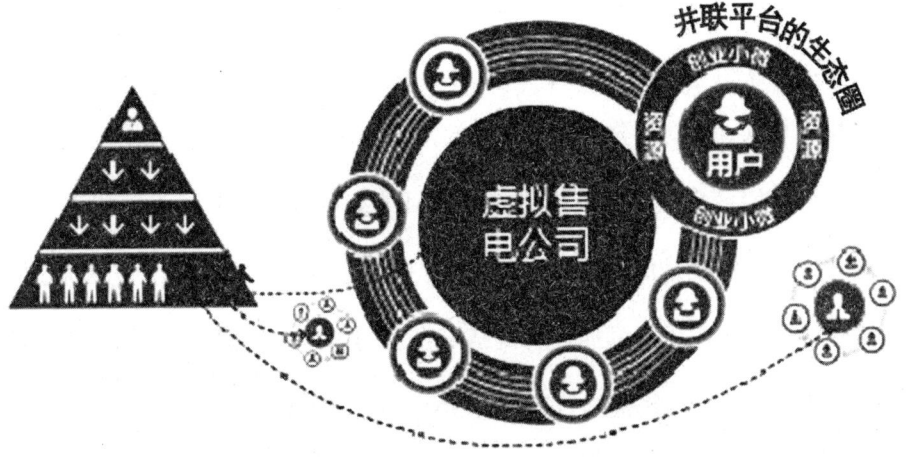

图 2-5　麻江县供电局虚拟售电公司图示

KPI 自主绩效
贵州电网：凯里麻江供电局数字化建模与绩效模式观察

麻江县供电局倡导的去一线发现问题、解决问题，和用户一起共创价值，正是《维基经济学》所倡导的最新主张。而在数字化经济学的词典里，用户被视为"产消者"，即用户既是消费者也是生产者。这一新概念向人们表明，生产者和消费者之间的界限正趋于模糊。

管理进入新的时代，如果再继续以"领导命令"为导向，极有可能偏离用户需求。满足用户个性化需求的创新才是有价值的创新。用户思维就是和用户零距离、用户体验、用户参与的思维。这种思维能够促使企业进行有价值的创新。如何以"用户需求"为导向，进行组织结构设置的创新，是本节阐述的主要问题，也是电网企业切实提高服务质量、缩短业务周期、最大限度地满足客户用电要求的真实反映，是一个现实的经营问题。麻江县供电局"协同式分工"，用市场促进机制锁定用户需求的三个理念。

1. 树立以差异化市场为导向的营销理念

加强需求侧管理，把握市场发展动态，对电力市场的潜力以及未来的市场情况都要作出一定程度的评估，并以此为依据及时制定或调整生产经营目标，及时调整电力营销策略，有效开拓市场。

2. 树立以"协同式分工"为导向的营销理念

一切以用户为中心，以用户需求为目的，重点加强电网改造和建设，树立"可靠供电就是优质服务"的观念，完善供配电网络，满足广大用户的需求，同时运用先进的通信、网络平台，为客户提供高效的、全方位的优质服务，并以严格规范的管理对各项业务进行监控。

3.树立以市场促进为导向的服务理念

利用现代化手段健全电力营销的功能环节，提高服务质量和效率，同时企业内部机构设置、业务流程能够满足顾客需求导向的要求，建立社会化服务体系，提高服务知晓率，并尽可能降低服务成本。

三、"分布式决策"，制定企业权限规则

互联网改变的不仅仅是人们的生活方式，它同样给企业传统的商业模式和管理模式带来了颠覆性的挑战。互联网时代对企业提出的最大挑战就是两个字——速度。"农业文明征服了饥饿，工业文明征服了空间，信息文明征服了时间。"现在的信息文明把整个地球连成了一片，致使速度成了关键。所以，对企业来讲，怎样用最快的速度满足用户需求就成为重要的课题。

互联网时代，促使企业必须从封闭走向开放。成功的企业需要拆除横亘在顾客和企业之间的樊篱，需要拥抱顾客，共享资源，进行开放式创新。正如被誉为"数字经济之父"的唐·塔普斯科特所言："在维基经济中，失败者创建的是网页，而胜利者创建的则是生机勃勃的社区；失败者创建的是有墙的花园，而胜利者创建的是一个公共场所；失败者的创新是在公司内部进行的，而胜利者的创新则是和用户共同进行的；失败者精心守护他们的数据和软件界面以防被盗，而胜利者则将资源与每个人共享。"

麻江县供电局的分布式决策，一方面用市场促进机制打通了顾客和

企业之间的樊篱，另一方面通过《指标和重点工作管控表》牢牢抓住了工作的核心。

《指标和重点工作管控表》是麻江县供电局绩效管理成功的"核武器"，更是反映管理水平的关键形式。通过管控表明确一级业务、二级业务的重点，并明确工时、分值。干部和员工要做的第一件事情就是统一思想，统一行动路径，之后就各自分工，各忙各事。除了本章开头提到的蜂群效应，生物界还有另一个特殊的现象：蚂蚁搬家。你会看到，当一群蚂蚁用嘴拖着卵、幼虫和蛹拔营西去的时候，另一群热忱的工蚁却在以同样的速度拖着那些家当掉头东行；而与此同时，还有一些蚂蚁，也许是意识到了信号的混乱和冲突，正空着手一会儿向东一会儿向西地乱跑。简直是典型的办公室场面。不过，尽管如此，整个蚁群还是成功地转移了。在上级没有作出任何明确决策的情况下，蚁群选定一个新的地点，发出信号让工蚁开始建巢，然后就开始进行自我管理。这也是对麻江县供电局分布式决策的最好的生物学角度的解释——先明确目标，而后进行自我管理。

附表：《人力资源部指标和重点工作管控表》

附表 2-1 人力资源部指标和重点工作管控表

指标及重点工作	一级业务	二级业务	工作事项细化	完成时限要求	分值确定 1月	分值确定 2月	分值确定 3月	工时核算 1月	工时核算 2月	工时核算 3月	责任部门
	员工绩效考核工作	绩效考核方案的制定	拟定局绩效考核相关实施办法和流程	每年 5 月前							人力资源部
			组织各部门制订部门绩效考核方案	每月 10 日前	0.5	0.5	0.5	0.5	0.5	0.5	各部门
			组织各部门利用绩效会议组织对绩效方案进行学习和不定期修编	每月 10 日前	0.5	0.5	0.5	0.5	0.5	0.5	各部门
		绩效划块	根据组织绩效考核结果将绩效划块工作上报	每月 10 日前	2	2	2	1	1	1	人力资源部
		绩效任务的分解	组织局领导人员签订绩效合约,并收集上报	每季度 10 日前	2	2	2	2	2	2	人力资源部
			组织部门召开部门工作会,安排布置下月工作计划	每月 5 日前	0.5	0.5	0.5	0.5	0.5	0.5	各部门
			组织中层人员签订绩效合约	每月 28 日前			5	2	2	2	各部门
		绩效全员考核参与率	确保在岗员工参评率达 100%,填报《贵州省公司员工业绩考核季度报表》	每季度 10 日前	0.5	0.5	0.5	0.5	0.5	0.5	各部门
		绩效任务结果和沟通、确认、公示	组织各部门组织召开绩效讨论会,通报绩效分配情况	每月 10 日前	0.5	0.5	0.5	0.5	0.5	0.5	各部门
			督促部门对工分配情况和绩效分配情况进行公示	每月 15 日前	5	5	5	4	4	4	人力资源部
		绩效过程的参与	对分配结果有异议将异议上报绩效管理工作组	每月 12 日前	5	5	5	4	4	4	人力资源部
			对分配结果无异议将绩效分配相关报表上报人力资源部	每月 15 日前	5	5	5	4	4	4	人力资源部
		绩效结果的应用	不定期参加绩效会议,收集员工对绩效分配情况的意见	每月 15 日前	10	10	10	4	4	4	人力资源部
			组织召开全局绩效工作会	每季度 10 日前							人力资源部
			核算个人所得税扣款,执行绩效工资系统	每月 20 日前							人力资源部
		绩效积分建立	开放绩效录入工资系统	每年 12 月 15 日前							人力资源部
			建立年度绩效积分台账	每年 12 月 30 日前							人力资源部
		绩效工作的迎检	年度绩效工作的迎检	每年 12 月 30 日前							人力资源部

第三节 组织调整和职能优化的成果

麻江县供电局以公司人力资源一体化管理要求为依据,以"创先"为导向,首先进行了"去中心化"的组织调整,改变了麻江县供电局的生产组织方式和机构,系统梳理了岗位体系以及定员设岗定编,同时优化了人员配置,为后期的绩效考核提供了良好的保障。调整后的管理更加"扁平化",在权责明确的同时促进了业务协同与组织效率的提升。取得的成效如下。

一、优化了生产组织方式

2016年8月,麻江县供电局依据县局《核心业务管理指南》《供电所业务指导手册》,省、地、县三级组织联动,点面结合地优化了该局生产组织方式。第一,以供电所作为生产业务梳理的立足点,按照公司供电所规范化建设"规范、真实、简单、有效"的原则,将其明确定位为配网运维、用电客服的基本作业单元,从核心业务出发,厘清一级业务3项、二级业务13项、业务事项34项、业务流程21项及业务表单98张,使界面清晰、业务简明、流程规范、表单统一。第二,以规范化建设为主线,在供电所业务调整的同时,相应梳理其他部门的职责和界面,使二级机构相关职责上划。例如,将物资计划与配送、输电线路消缺检修职责上划到生产设备管理部，推行调控一体化等先进的运作方式及部门职责归并调整。

二、优化了组织结构设置

麻江县供电局按公司组织架构一体化要求设置了职能部门和二级机构。结合生产组织方式的优化，麻江县供电局相应进行了组织机构设置的整合优化。将党群工作部、监察审计部与办公室合署，将物资仓储配送站与生产设备部合署；鉴于35千伏输电线路运维量不大，撤销输电管理所，将通道维护、巡视职责按属地管理的原则交由当地供电所；消缺检修职责划归生产设备部。基于监督与业务相分离，实现专业化、垂直化、差异化管理，将原市场部管理的电费审核、用电检查、计量、大客户业扩等业务、供电所营业厅业务划由客户服务中心执行。

按照"运检合一"的模式，将变电管理所岗位整合为"运检值班员"岗位；按照"调控合一"模式，将调度岗位和监控岗位整合为"调度岗位"；将供电所岗位整合为"配网综合岗"，将客户服务中心营业班的岗位整合为"客户服务岗"，将通信班职责延伸到信息、自动化方面并更名为信通自动化班，将变电管理所集控中心班调整到电力调度控制中心等。整合后的管理部门由原来的8个减少到7个，二级生产机构由原来的10个整合为8个；岗位由原来的159个整合为133个。

三、依据定员完善设岗定编，消除冗员现象

依据公司人力资源配置标准，2015年麻江县供电局定员为235人。在按公司岗位管理办法规范岗位类别、序列的基础上，麻江县供电局按定员设岗定编，使定员落实到专业、部门、班组和岗位，改变以往定员和定编脱节的状况。以2015年年初为例，岗位编制共235人，其中管理类岗位

编制 28 人、专业技术类岗位编制 40 人、技能类岗位编制 156 人、辅助类岗位编制 11 人。通过设岗定编，职能部门管理、专业技术类岗位编制减少 3 人并按"一岗多责、一专多能"的要求，明确职能部门主任（副主任）同时兼任专业技术类岗位的工作；二级机构管理类岗位编制减少 2 人，相应充实一线专业技术、技能类岗位的编制，为正确分析人员余缺、优化人员配置打下了基础。

四、"业务管控树"让干部员工心里"有数"了

有一次，我在同市场部员工龙小艳讨论客户满意度提升方案时，为了将业务讲得更清楚，随手在一张白纸上画了一棵树做例子来进行探讨，后来她把那棵树画成了一幅画，并且 2014 年的客户满意度工作就按照那棵树来做了，当年在都匀市供电局自行组织的第三方测评中，麻江县供电局拿了第一名。于是就有了我们创先工作中的"种了一棵业务树"里的第一棵业务树，各类报告里幻灯片上的那棵树就是她的原创。（来源：曾加劲）

早在 2014 年，林江华就在笔者的调研中谈到，公司一体化的要求，核心就是实现管理的规范化和业务的标准化。但对县级企业来说，在承接公司一体化的要求中，困难来自工作界面、职责的模糊，业务事项不能清晰描述和量化。通常情况都是等待领导安排工作，考核评价根本无从谈起。

从 2014 年 1 月开始，麻江县供电局组织员工围绕《贵州电网公司县级供电企业核心业务管理指南》（2013 年版）要求，对 5 个维度，13 项关键指标，118 个管理要点及要求进行系统学习，对《贵州电网公司县级供电企业供电所业务指导手册》(2014 年 2 月版，试行)所蕴含的"规范、真实、简单、有效"的供电所管理原则深入领会。在此基础上，各专业部门结合一体化专业要求，按"自上而下、纵向到底、横向到边"原则，根

据"部门职责、岗位业务事项、业务频率、业务流程、业务表单、所应用业务信息系统"等要素，开展本地化修编，形成适应自身管理需求的"业务管控树"。按照持续改进的要求，后来的第四、第五版更加精细化、精益化。

在"业务管控树"的梳理过程中，既让每一名干部员工都明白了"管什么、怎么管，干什么、怎么干"，也为开展"计划驱动，统筹执行，评价有据，持续提升"的规范化管理模式奠定了坚实的基础。

麻江县供电局的干部都会说这样一句话：现在工作心中有数了，以用户为中心，以问题为导向的管理思路更加明晰。通过对部门职能的重新界定，对"业务管控树"的不断梳理，特别是以问题发现和问题解决为导向的绩效分配办法的不断优化，为"提高工作统筹计划安排能力，夯实基础管理工作；提升规范化管理意识"等基本功夯实了基础，也大大提升了管理团队破解问题的能力，干部员工对工作更加心中有数了。

林江华在笔记本上，工工整整地写下一行字：有谁知道业务树上的苹果，那是成长的滋味……

本章小结：

1.麻江县供电局"去中心化"："去中心化"让所有员工形成一个组织，齐心协力来创造用户的最佳体验。从原来企业的"串联"到"并联"，变成了一个互联互通的生态圈，而这个共赢共创的生态圈也是无边界的。"去中心化"也让每一个员工彼此依存、相互促进,时时刻刻被别人"逼着"提升自己。

2. 麻江县供电局"协同式分工":麻江县供电局"协同式分工",用市场促进机制锁定用户需求的三个理念。树立以差异化市场为导向的营销理念,树立以协同式分工为导向的营销理念,树立以市场促进为导向的服务理念。在这一机制的推进下,麻江的员工在电力行业的大方向引导下,进行自主决策、自主创新。员工的智慧、价值和能力在市场前端得到了充分的体现,可以直接满足用户个性化的需求,为用户创造价值。

3. 麻江县供电局"分布式决策":一方面,用市场促进机制打通了顾客和企业之间的樊篱;另一方面,通过《指标和重点工作管控表》牢牢抓住工作的核心。《指标和重点工作管控表》是麻江县供电局绩效管理成功的"核武器",更是反映管理水平的关键形式。通过管控表明确一级业务、二级业务的重点,员工统一了思想和行动路径,再通过明确工时、分值,各自分工,各忙各事,彻底释放了全体员工的活力,管理层也越来越轻松。

第三章 ▶▶▶

构建经营地图:打造全员经营的工作任务体系

本章内容提示

本章主要讲解麻江县供电局通过构建经营地图，打造覆盖全员的工作任务体系。与传统县级供电企业不同的是，麻江局跳出了县局的思维边界，回归经营的本质，积极寻求组织绩效突破的关键要素。林江华最常说的一句话就是：种了一棵业务树，铺了一条创先路，建了一个指标库；分了一个积分池；搭了一个信息台；加了一根好杠杆。本章主要讲述"业务树、创先路、指标库"形成的原因和背后的逻辑。

◈ 从管理到经营——回归经营的本质

◈ 种一棵业务树——用OGSM形成年度业务计划

◈ 铺一条创先路——用对标管理提升经营水平

◈ 建一个指标库——指标库是员工绩效的金矿

第一节　从管理到经营——回归经营的本质

组织的生存和发展依靠的是行动的成果，检验管理成果的唯一权威标准是绩效。管理存在的目的就是帮助组织取得绩效。绩效从何处产生？德鲁克认为，绩效不能产生于组织内部，绩效只能产生于组织外部，即组织只能因服务于外部社会和其他组织获得绩效，故管理要着眼于如何更大程度上去满足顾客的需要，最大限度地创造绩效，而不是内部的控制，也不是成本的节约。因此，管理不是单纯的成本控制，而是创造绩效；不仅要关注当前的绩效，而且要主动变革，着眼于未来的绩效。相当多的管理者不是没有主动变革的眼光，而是缺乏打破现状的勇气和决心，只关注当前的绩效，而没有为未来绩效的产生做好准备。

绩效管理不能仅停留在考核打分上，而要回归经营的本质。一个企业的绩效评价方式，反映了业绩改变的方式。在数字化转型的初期，市局要更多地强调机会对资源分配的牵引。从市局到分县局，需要建立以经营为导向的人力资源体系，培养经营型人才，把战略能力中心放到战略资源的聚集地上，人效的改变是为价值而改变的。

一、麻江县供电局的"快思维"——如何抓住管理重点

马作的卢飞快,弓如霹雳弦惊。

在经营决策中,有快思考与慢思考之分。快思考依赖直觉和情感,慢思考则需要细致的逻辑分析。诺贝尔经济学奖获得者卡尼曼在《思考,快与慢》中认为,这两种思考模式各有所长。快思考快捷方便,但也可能缺乏理性,落入陷阱;另外,慢思考需调动主体的认知能力,在能力不足的情况下,也会有认知偏差和惰性。科学管理思维模式重点在于可以帮助管理者跳出固有的思维框架,瞬间抓住重点,提高决策效率和准确度。

(一)"一个中心,两个基本点"管理思维为绩效变革添砖加瓦

麻江县供电局在近几年的管理实践中,逐步建立了"一个中心,两个基本点"的管理思维。

第一个基本点:立足于改善经营绩效

影响经营绩效的现象:市场竞争一触即发,日常运维力量不足、抢修任务繁重。

1. 市场环境

(1)未来客户竞争激烈,供电所面临大客户流失的情况。部分供电所客户类型较多,未来市场竞争愈加激烈,大客户流失的可能性较大,需强化营销职能,研究客户的需求;根据客户的用电类型、区域特点、民族特点等情况进行分类管理,为不同的客户提供不同的营销策略,在客户端塑造麻江县供电局优异的品牌价值,从而达成良好的业绩。

(2)部分区域的市场竞争压力尚且不大,客户相对单一且稳定,但是

线路较长,抢修任务重,人员配置方面则相对较少,尤其是配电班,人员配置不能有效地满足运维水平的提升。

2. 运维管理现状

(1) 运行维护管理分散在各供电所,受人员数量配置、物资配置要求等因素影响,日常维护工作不到位,抢修力量比较薄弱,不能承担大型的抢修业务。

(2) 由于天气、客户原因和日常线路巡视不到位,线路故障率居高不下,供电所抢修任务重;管理信息不透明,例如,由于抄表人员在抄表过程中没有及时发现线路隐患或者对发现的隐患没有及时向供电所反映,导致供电所综合线损率高。这些问题间接反映了现有的组织结构和职能分配不足以应对市场环境的变化。

第二个基本点:立足于改善管理绩效

立足改善管理绩效,形成管理闭环,着重解决以下问题。

一是考核方式对过程控制力度较弱。上级对县局的考核,更多地将体量规模大小和生产经营计划完成情况挂钩,不能有效激励员工提高工作质量,充分发挥创新和争先创优的能动性,在创新和争先创优等方面缺乏有效的激励渠道,导致客户满意度等软指标较弱。

二是考核内容不系统。在机关的考核中,"定性"指标多,"定量"指标少,导致考核评价主观性强,一定程度上容易流于形式。

三是考核指标引导性不强。考核仅关注部门及岗位职责、岗位工作完成情况与部门整体工作情况,员工对生产经营任务完成情况的关注较少。

四是与实践结合度不紧密。由于固化了月度工作计划填报和完成情况考评时间,当临时工作出现时,这部分新增加的工作无法得到有效体现;

员工在填报工作计划时，存在"多报多做可能多错或完不成"的思想，造成工作计划"越少越好、越简单越好"、收入"干多干少一个样"的现象。

五是绩效结果应用不理想。一方面，薪酬总额受限，不能随业绩增长而提高工资额度；另一方面，麻江县供电局年轻人较多，但是晋升机制不完善，抑制了年轻人的积极性。

六是干部手中的权限小，到哪儿都使不动人。面对冗员与结构性缺员并存的现象，干部有心无力，组织内部缺乏生机活力。

一个中心：全员参与经营

以划小核算单元为切入点，建立内部虚拟市场，从而"激活人，满足人，成就人"。

"一个中心，两个基本点"落地的原则：前端防杂，后端减重，中间治乱。

前端防杂是指营销体系要围绕客户需求，打造差异化服务的能力；后端减重是指通过资产运营和输配合一等方式的调整，及时止损，减少成本损失；中间治乱是指组织管控体系要激活个体，形成"点、线、面、体"的绩效闭环逻辑。

具体说来，麻江县供电局把划小核算单元归纳成四个层面的绩效：组织绩效、职能绩效、岗位绩效、项目绩效。这四类绩效对应着"6211分配模式"（第四章会详细介绍），在外界看来不容易被理解，但在笔者看来，这正是省公司关于"划小核算单元"及"凡是干部必有责任、凡是员工必有绩效、凡是投资必有回报"的科学管理实践。

1. 体——组织绩效

指企业级的绩效。简单说来，县级供电局的绩效指标，就是上级考核县局的具体内容。

企业经营不仅要有战略规划,还要有不同时期的经营目标和经营方案;既要从市场的全局入手,也要分阶段对经营目标进行分解,使企业和市场有机结合起来,通过有效的、正确的政策达成目标。

麻江县供电局在2013年下半年提出了"绩效积分制"的绩效考核模式,在实施过程中以战略性目标的实现为前提,利用动态业绩评价,及时提供反馈信息,从而帮助其进行正确的决策以及对以后的发展进行引导。其战略绩效管理体系也随着市场环境特性、经营状态转变,经过了"以事实为依据、财务为中心、结果为导向"和"实时沟通、实时改进"等考核措施的不断改进,强调纵向协同与横向协同并重,从而使企业战略目标与部门目标、员工个人绩效保持一致,促使其绩效考评由原来的结果导向型逐渐向注重过程控制的战略绩效评价转变。

组织绩效强调的是经营模式的闭环,例如麻江县供电局通过对自身业务的梳理编写而成的业务指导书,随着目标的逐步实现和新战略的制定,达到了从第一版到第四版的持续改进,在实现工作界面清晰和业务流程规范的同时,为员工和部门绩效的考核与评价奠定了坚实的基础,也实现了业务PDCA闭环管控。

2. 面——职能绩效

划小核算单元,将整个组织模块化,每个模块内部即使不具有组织的全部功能,也具有大部分执行多样化任务所需要的知识和技能。即使某个模块最终损坏,也不影响整体的生存和发展。这也是电网系统的变革考虑。整体变革会失控,但是将其分割成无数个模块,其产生的协同效应能量将是惊人的。这种小微生态圈就会经历从"大锅饭"到"小锅饭",再到"碗里饭"的演进变化。

麻江县供电局在 2014 年，以员工绩效划块到部门进行二次分配为突破口，应用现有工资存量（单位自主分配的其他绩效工资部分），将月度绩效工资额度由原来的 20% 调整为 30%，并按 16 岗 1 薪确定标杆绩效值和向生产一线倾斜 0.1 系数的分配原则（与《贵州电网公司工资支付管理实施细则》中月度绩效工资分配方式相衔接），以分层分类的方式，按部门现有在岗员工人数核算，通过组织绩效的考核后将月度绩效工资划块分配到部门。绩效划块到部门二次分配，拉平了绩效划块基数，彻底打破了员工的身份界限，实现了同岗同工同酬的绩效分配模式。

2015 年，麻江县供电局进一步深化开展绩效工资划块工作，结合 2014 年绩效划块工作的应用成果，根据 2015 年设岗定编工作的开展情况，以各部门核定的定编数作为依据进行划块，对超员部门不给予核增或核减绩效划块总额，仍以在岗人数进行划块，对缺员的部门核增绩效总额，核增的标准按缺员人数的 85% 乘人均绩效基准数，通过对定编人数划块绩效工资工作的开展，真正实现绩效工资"五人工、三人干、四人薪"的划块分配原则。

3. 线——岗位绩效

麻江县供电局的岗位绩效，有着双重特点。一是像第一章我们讲到的"破四定"，尽量形成"综合岗"，即一专多能，多技能工；二是强化岗位价值。以岗定级是通过职位职级表建立职位和职级的关系。每一个职位会确定一个对应的职级，这个职级就是这个岗位对企业贡献的价值评估。而人岗匹配是人与岗位责任的匹配评估，指的是员工与岗位所要求的责任之间的匹配，以确定员工的个人职级与符合度。人岗匹配核心是看员工的绩效是否能达到岗位的要求、行为是否符合岗位职责的要求，另外还包括一些基本条件，如知识、技能、素质、经验等。在麻江县供电局，16级1薪作为岗位起点价值，也就是说对员工的最低要求，就是要满足这个级别的基本要求。值得注意的是，这个值不是永远维持不变的，应根据年度经营目标、部门职责变化及是否承担重大专项工作等因素适时调整。

4. 点——项目绩效

项目绩效是指临时性出现的项目化管理工作的绩效。它与"例行工作"的绩效不同，多数是随经营环境的变化而随机出现的，如抽调骨干人员参与国庆节期间的城市保供电工作。项目绩效打破了部门与岗位之间的界限，其结果可以从"时间、成本、质量、数量"等维度衡量，但因为它的"临时性"，在评价主体和责任人的划分上，却往往难以把握。比如，一个骨干员工主动参与一次项目化工作，但因其工作结果不理想，受到了相应的考核处理，导致他再也不想参与这样的临时性工作，从而失去了个体的活力。

麻江县供电局"点、线、面、体"的绩效闭环逻辑，呈现了组织运行中的四个关系：

（1）个人与目标的关系；

（2）个人与组织的关系；

（3）组织与环境的关系；

（4）组织与变化的关系。

这四个关系融合在一起，体现的是个人利益与企业利益的结合。

如前所述，麻江县供电局在重视经营的本质同时，又注重管理基础建设，笔者认为这是麻江自主绩效管理的全部秘诀。"一个中心，两个基本点"的主要成果为企业建立了一个正向管理系统。该系统可被看作是能在短期内为企业带来竞争优势的一项关键资源。但如何才能使这项资源的高回报率维持较长时间？林江华认为，除了持续优化管理系统的先进性以外，另一个关键是设法加快激励机制建设，并将取得的改革成果纳入管理系统中。为此，他提出了"自主自助"这一概念，并以此为核心形成了一整套激励理论和方法。他打比方说，已有的管理系统无疑是给麻江县供电局的日常运营铺设了一条轨道，但如何能使企业在制度的轨道上营运得更顺畅、更富有效率，并给企业带来持续竞争优势，恐怕还要看新的激励机制能否充分发挥其管理机能，或者干脆说"是否能够发挥出组织的力量"。

（二）"自主自助"为绩效变革"打开边界"

导入故事：惊人相似的标准分

我们县局初期的积分制度有点乱，想怎么弄就怎么弄。如同样是装变压器，装一台 200 千伏安的得 200 分，装一台 50 千伏安的则只得 50 分，而装一块电表可能只有 3 分。积分统计出来后，结果不太能服众。当时为了给全局测算一个可供参考的标准积分，我们就先让大家去做测算，我自己也做了一个测算。首先根据目前划块到生产部门的人均绩效标杆值（16 岗 1 薪），约为 1375 元，以每人每月工作 21.75 天（约为 22 天），每天按 8 小时进行核算，每人每月的工时约为 176 个小时，则每人每小时的绩效工资约为 7.81 元，每人每分钟的绩效工资约为 0.13 元。每人每小时的绩效 7.81 ≈ 绩效标杆值 1375 ÷ 法定有效工时（22×8）；每人每分钟的绩效 0.13 ≈ 7.81 ÷ 60，故此得出了标准积分为 0.13。后来组织大家讨论方案时,所长金烽说他测算的标准分是0.14,然而不拿他的测算依据来看,我们怎么也凑不出这个数。但事前我们并没有任何沟通,不禁感叹:"好强的估算能力,不买彩票太可惜了!"(供稿:曾加劲)

麻江县供电局所谓的"自主自助",是指每个人都要产生自我管理的责任感,即企业按照内部分工,使全体干部员工相应承担并履行各自的责任。只要干部和员工按照分工标准履行了各自的责任,那么企业就应该给予相应的报酬和奖励。换句话说,只要员工的工作业绩达到了标准要求,履行了自己的责任,那么企业就应该给予奖励。麻江县供电局的基本观点无疑是说,管理的根本要义就在于如何培养全体干部和员工的责任感。企业管理追求的效能,莫过于让干部和员工真实地感觉到这一点。

结合"自主自助"的理念,林江华提出了四个"打破瓶颈"。

一是打破思想瓶颈,方法在哪里,绩效就在哪里。在一切边界中,最难打破的,就是无形的思维边界。供电企业"对标管理"已经应用了很多年,但是我们对标真正"对"出了什么结果呢?只有打破思维模式的禁锢,积极尝试新方法、新工具;突破作业习惯的边界,努力尝试新角度、新立场,才能跟上这个瞬息万变的时代。只有超越了基础管理的范畴,运用先进工具和方法,才能创造无限的活力。

二是打破管理瓶颈,难点在哪里,绩效就在哪里。

(1)在"收入最大化"的原则下,创建"两精两优"的客户服务体系,并有效开展内部运作优化,通过对标驱动,建立符合实践的客户服务体系。

建设客户全生命周期管理体系是"两精两优"的坚实基础。国内电力企业尚未建立、健全"客户全生命周期管理体系",营销流程以业务部门为核心，尚未真正实现"以客户为中心"。建立"新客户获取—计量/抄表—计费账单—信用和收款—客户服务—客户挽留"客户全生命周期体系，是当前刻不容缓的任务。这需要根据市场和客户策略，从整体上把握业务发展的方向，从之前各业务分散的发展模式向统一谋划、齐头并进的方式转变。通过改进模型对客户满意度调查结果进行分析，确定改进措施优先级，提高改进措施的针对性，并进行客户细分和差异化管理。

（2）根据"成本最小化"推行"输配合一+"，建立资产全寿命管理分析体系。资产全寿命管理分析体系是基于资产历史信息及实时信息，对资产状态及运维作业管理进行分析判断，考核资产绩效，并据此制定相应资产策略的过程。相对完善的资产分析体系，包括信息管理、业务分析和辅助决策三个层次。这项工作起步较晚，难度较大，但不能等上级公司收集信息时，才去做这项工作。

三是打破组织瓶颈，人才在哪里，绩效就在哪里。

一个组织，必须在开放的耗散结构中，勇敢地开枝散叶，积极地吸收新能量，才能获得持续不断的成长原动力。这就像植物的一颗种子，只有经过了光合作用，才能长成参天大树。与此同时，我们也要贴近人才建组织，贴近人才建能力。

一方面，通过岗位合并，让更多的年轻人按照自己的工作意愿，找到合适的岗位；另一方面，积极引入外部力量，如借助在行业内极具专业影响力的专家们的力量，拉动整体县局的专业能力建设快速走上新台阶。能与这些专家们一起共事，是对渴望成长的年轻人的最佳非物质激励。打破组织瓶颈，引入"不戴工卡的同僚"，无论是雇员，还是顾问，无论你是全职，还是兼职，都将非常开放地合作。

四是打破能力瓶颈，工匠在哪里，绩效就在哪里。绩效指标的提升，需要扎扎实实地逐步推进。每一个数字的背后，总有说不完、数不清的动人故事。锲而不舍、艰苦奋斗、精益求精的工匠精神，支撑着整个组织的前进。

二、麻江县供电局绩效管理的实践意义

博观而约取，厚积而薄发。

2016年9月，笔者再次在麻江县供电局与林江华相见，那时的绩效工作已经开展得相对顺利。回顾绩效实施的历程，林江华感慨地说："组织绩效的突破，受制于先天条件，很难有大的突破，但组织绩效需要的软实力，却可以逐步构建。

麻江访谈录之《绩效管理的实践意义》

王京刚：绩效是对工作目标的验证，也是对员工利益分配的保证。林局和曾局可以谈谈，麻江县供电局"自主自助"式绩效管理的实践心得。

林江华：绩效要想真正落地，必须真正地解决两个问题：一是效率低下、人浮于事和虚假忙碌；二是项目化管理。

（一）解决效率低下、人浮于事和虚假忙碌的问题

戈剑：如果我们的组织能力不能回应这两个最重要的问题，人力资源就不能胜任当今环境的变化。现如今，企业的大小不重要，效率更重要。那效率到底从哪里来？在这样一个个体变得越来越强大的环境中，我们如果想要真正的效率，想要与真实的顾客在一起，就必须解决"人浮于事和虚假忙碌"的问题。

林江华：这件事之所以重要，原因在于我们很多人在绩效管理上，已经习惯了碎片化的逻辑。碎片化是一个非常好的词，但问题是，你是不是

真正地让它产生了价值,还是只有虚假忙碌?如今我们所有人都比之前忙多了,但在现实管理中,碎片时间被浪费,虚假忙碌的情形普遍存在。就像很多人说的一句话"最怕你一生碌碌无为,还安慰自己平凡可贵"。

我们非常非常忙,时时刻刻都在忙,但最后获取结果时总觉得遗憾,因为我们没有真正地产生价值。所有的碎片化必须被聚集起来,才能获取一个完整的价值成果。

所有人必须清楚地知道责任、权力与利益之间如何分配,这是人力资源中非常重要的调整。所以以如今的角度来看,我们在工作场景中的关键词不再是命令和权力,而是成长、发挥创意、与时代同步。所以在如今的组织管理中,我们要为员工赋能,给人才流动的机会,因为强个体一定是追求自由的,一定很清楚自己的价值。我们看一个企业的赋能水平是高还是低,只需要看强个体的流向。你的人积极不积极,本质上是你为员工赋能的能力够不够。

赋能场景低的地方员工会找更强的平台,赋能场景高的地方员工会找新的机会。所以,在数字化时代,我们讲的赋能就是为每一个成员创造平台和机会。如果我们可以为每一个成员创造平台和机会,在这样背景下的组织管理就有发展机会,因为我们和时代的特征是保持一致的。

(二)解决项目化管理的问题,把"例外工作"变成"例行工作",把"无序"变"有序"

曾加劲:麻江县供电局的"抢工分"模式,本质上就是项目化管理的应用。我们是这样理解项目化管理的——它是从项目管理的逐步深入中发展起来的,是将企业各项活动当作项目对待进而对其实行项目管理,也就是把企业进行项目化,运用项目管理的模式进行管理。将原来管理项目的方法变成管理企业中一次性工作的方法。把企业中临时性的、具有明确目标、预算和进度要求的复杂任务从原有的流程式的工作中分离出来，组织跨部门的团队，按照项目的技术和方法进行管理，从而比传统的管理方式更好、更快地实现目标。我们称这种管理实践为"企业项目化管理"。

王京刚：供电企业的项目化管理是所有管理中最繁复、精微的管理。之所以如此具有挑战性，原因就在于它是一种复合管理，要求管理者具有多种综合管理能力。项目化管理的关键点在于，如何在确保时间、技术、经费和性能指标满足要求的条件下，以尽可能高的效率完成预定目标，让所有企业相关方满意。正是因为通过复合管理将企业经营行为的方方面面都变成利润中心，项目化管理的领导者——"项目经理"，也不再是传统意义上的 Manager（管理者）。因为他所辖的团队不再那么层次分明，以"指挥与控制"为基调的传统管理不再具有效率，要想增强团队的战斗力，需要更多地"激发与引导"，进而大大提升企业管理的执行力。

曾加劲：我们的"抢单机制"，其实就是一种实践性很强的项目化管理模式。企业的日常活动中一直存在着性质与项目类似的工作，但大部分企业没有充分认识到对这部分工作进行科学系统管理的重要性。我们之前传统的做法是将其置于职能部门中进行管理，而这一类工作往往需要协调不同部门的资源和人力，其结果往往达不到预期效果。如果将企业中独特的、不重复的一次性任务，转化为项目，接手这些项目的团队成员完成特殊使命后，就随即解散，回到原来的部门中，这种采取项目管理的模式往往比原有的工作模式更有效率。

第二节 种一棵业务树——用 OGSM 形成年度业务计划

方法是纲，纲举目张。

麻江县供电局在保证全面理解深化省、市公司的战略目标的基础上，充分运用 OGSM 统一了组织目标和发展方向。

一、年度经营计划制订的框架思路

第一步：将企业的策略目标形成业务地图，同时对每个主题进行详细的定位说明；

第二步：将企业目标逐步分解为关键的 APVI 指标，依据现有组织结构及部门职能分工，根据树图法和鱼骨法，寻找各部门与目标主题的强相关关系，分解形成 APVIs；

第三步：编制各部门与总目标主题的相关性，建立部门级 APVI，通过经营计划的分解，对部门的职能进行 APVI 的提取；

第四步：应用策略规划与执行表对 APVI 进行筛选和判断，删除可行性不佳的，保留真正意义上的 APVI 指标；

第五步：对每一个 APVI 指标进行详细、准确的定义，确保实施中统计的口径；

第六步：结合经营计划制订及历史数据，来确定指标标准，同时完善信息的收集系统，最后编制月度/季度/年度考核表，保证考核的内容是经考核方与被考核方双向沟通确认的，并在企业年度经营会上与被考核单位（个人）签订年度责任状，以确保目标的有效实施（见图3-1）。

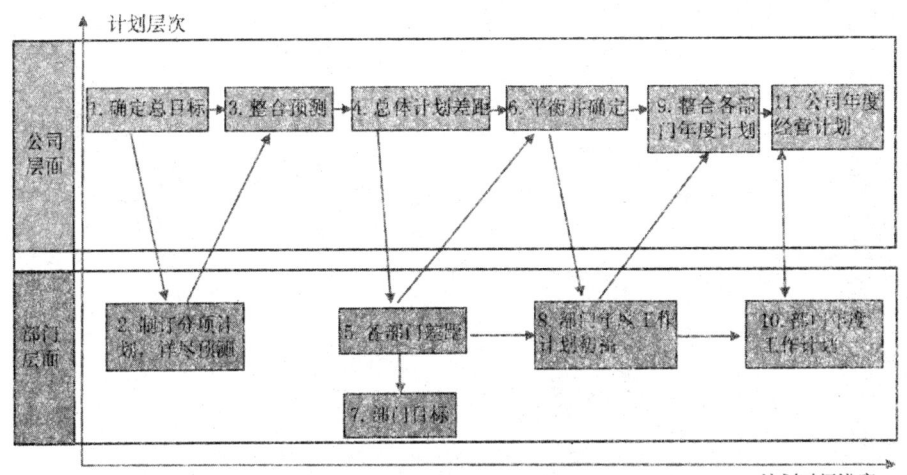

图3-1 经营计划分解过程示意图

二、OGSM执行工具为应用经营计划锦上添花

（一）什么是"OGSM"策略执行体系

OGSM 由 Objective（目的）、Goal（目标）、Strategy（策略）、Measurement（衡量）的英文首字母组成。OGSM是一种制订策略计划的强大管理工具，以使业务集中在大目标与关键策略上，是一种实践策略的手段，用以达成理想的目的与目标。

运用OGSM工具可制订科学、规范、全面的年度工作计划，明确运营的核心目的、目标、策略和衡量指标；可将年度经营计划进行层层分解，落实到每一个部门和岗位，形成部门和岗位的工作计划；可进行年度工作计划的进度管理，明确各个管理层级核心工作的进度要求；可从各个岗位的工作计划中提炼核心工作要点，制定企业各个岗位的KPI考核指标；可通过员工"技能管理矩阵"的实施，不断提升员工的工作能力；可通过经营策略、工作计划和员工能力的三者结合，不断提升企业的战略执行能力。

表 3-1 OGSM

Objective	Goal	Strotegy	Measurement	Action Plan
目的	目标	策略	衡量	工作主计划
做什么	做什么	怎么做	怎么做	怎么做（具体项目）
文字	数据	文字	数据	数据
		对应 O	对应 G	对应 S

（1）步骤：写下所有为完成目标必须做的事；

（2）责任：每一个步骤由谁负责；

（3）支持：期望什么样的及谁的帮助；

（4）时间：每一个步骤开始及完成的时间框架，或者流程顺序；

（5）每月评估：追踪进度，若有差距及时调整；

（6）寻求建议：协作或认同。

（二）OGSM策略执行体系解决了哪些问题

OGSM解决了从目标到计划的转换工作。OGSM实际上是一个环环相扣、互为支撑的结构。即策略支持短期目标的实现，短期目标又支持长期目标，反过来长期目标又决定短期目标的制定。

OGSM可以从上向下传递，也可以从下向上传递，下一级支持上一级并体现上一级的要求，上一级指导或分解下一级的要求，以确保全公司范围内的步调与重点一致。在制定过程中需要充分沟通，有要求，也有承诺（见图3-2）。

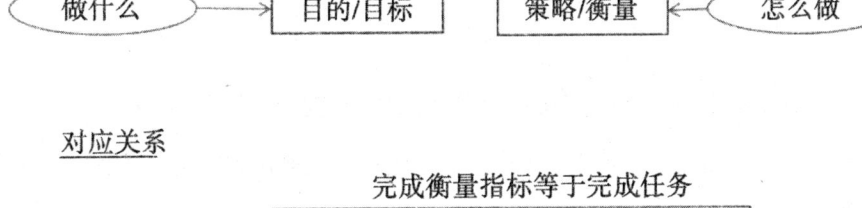

图 3-2　OGSM 策略执行体系

（1）你的基本目的是保证上级目标的实现，当然也可以有你自己认为重要的目的。

（2）你的 G 应是对 O 的更细化、更精确化的描述，目标是尽量可以轻松考量的，G 和 O 之间应有必要性和必然性的关系。

（3）制定 S 时，我们往往会把有利于 G 实现的举措一五一十地列出来，但这是不对的。因为，你的资源是有限的，你无法把有用的举措一一实现，必须找到帮助你达成 G 的最有效的举措！所谓策略，就是取舍一些，放弃一些。

（4）你的 S 和 G 之间，同样应具备必然性和必要性的关系。

（5）最后扪心问问自己，这样做一定可以实现目的吗？可行吗？

（6）M 的目的在于通过定期考量，及时检讨和调整。

最后编写出麻江县供电局的规划年度进度表，让公司内每一个人都有一张 OGSM 表，列写工作重点，通过绩效考核落实目标责任人。

OGSM 就像一张地图，自上而下、自下而上地系统设计了全年的经营计划，包含以下几张地图。

一是工作原理总图：明确部门内部工作逻辑联系，统一员工思想认识。

二是业务工作地图：细化各业务活动库，包括工作内容、标准、输入输出、文档管理与责任归属。所有工作均在此基础上进行计划、分派与总结评估。

三是制度地图：对所有与部门工作相关的制度进行汇总，包括公司级、部门级业务指导书等，进行统一定位与管理。

四是审批地图：对所有需要签字、盖章等的审批权限进行汇总管理，确保责任明晰、风险可控。

OGSM 识别了年度经营计划中的关键要点，提醒管理者不要浪费核心资源。

OGSM 是一个系统的运作过程，是一个持续改进的过程，也是绩效体系建立的基础。

案例：财务部 2015 年业务梳理成果

2015 年麻江县供电局财务部加强对公司一体化框架业务指导书的学习，组织部门员工共梳理一级业务 10 项，二级业务 23 项，业务事项 50 项，梳理流程 85 项，梳理表单 70 张，流程表单关联至公司业务指导书 36 项。这项工作为部门工作厘清工作思路，找准工作方向奠定了坚实的基础，使部门员工能在业务指导书的指引下按时、按质、按量地开展工作。同时，使部门员工对工作标准、工作要求更加清楚明白，完成工作也更加简单、高效。

在积分库建立方面，根据梳理出来的业务事项，经过部门集体讨论，对 4 个岗位、85 项流程事务，赋予典型工时。使全业务均赋予积分，所有工作均通过派工实现。

在以问题为导向的积分库梳理中，部门结合历年公司内部审计提出的问题，对照检查麻江县供电局是否存在类似情况，将问题清单梳理进积分库，鼓励部门员工在日常工作中发现问题，及时反馈至业务部门及其他管理部门，并制订整改措施及计划，使部门由核算型会计向管理型会计转变，财务工作由事后监督向事前管控转变。

第三节 铺一条创先路——用对标管理提升经营水平

2016年开始,麻江县供电局逐渐探索提高组织绩效的方式方法。主管营销的曾加劲副局长协同地方政府招商引资,从营销的源头做起,做好市场营销布局工作。此外,按照"前端防杂、后端减重、中间治乱"的原则,做好以下工作。

一、打破思维的天花板,探索绩效新思路

一是在"收入最大化"的原则下,创建"两精两优"的客户服务体系,并引用"片区经理制"等模式。一方面,有效开展客户细分和差异化管理,通过各种渠道广泛收集客户的信息,对收集的信息进行统一的储存和更新,对数据进行挖掘和细分,根据客户数据挖掘分析的结果,挖掘潜在需求;另一方面,细化客户服务流程,从客户需求出发促进岗位优化,强化人员主动收集、统计、反馈客户需求信息。另外,通过培训,提高客户服务的专业度、提高服务效率、提升服务质量,真正实现服务精细化,提升服务满意度。

二是根据"成本最小化"原则,建立资产全寿命管理体系。尽管县局

没有这个职能，但是林江华和曾加劲等领导却乐此不疲地研究这个课题。一方面通过"设备主人"等活动在操作层面进行止损；另一方面在县局层面积极探索资产全寿命管理分析体系。该体系是基于资产历史信息及实时信息，对资产状态及运维作业管理进行分析判断，考核资产绩效，并据此制定相应资产策略的过程。通过引入基于标准成本的预算编制和差异分析，使业务部门预算编制从财务驱动转为业务驱动及成本因素驱动。

三是强化成本定额管理。经统计，电网维修成本管理的薄弱之处的形成，主要原因在于各单位运行维护人员成本意识不够。针对这些情况，要针对性地调整绩效管控的要点，比如：

1. 加强生产运维人员的成本意识，在绩效考核指标中增加对各单位成本考核指标，并开展各单位之间的成本同业对标；

2. 加强各个检修和技改项目的成本管理，对单个项目的成本进行分解和计算；

3. 细化项目前期设计的成本预算；

4. 标准检修作业指导书应增加成本定额内容。

二、用对标管理实现"预实差"管控

"预实差"管控中的"预"，是指目标值；"实"是指实际值；"差"是指找到差距并能找到改善方法。

第一步：与自己对标，进行企业健康度体检，设计健康度改良方案。健康度情况说明：通过统一的指标体系作对比，高于平均值的指标，得满分（不加分），低于平均值的指标线性得分。通过当期得分情况和问题指标个数进行健康状态评价。趋势状况说明：将各项指标变化情况和全州局平均变化情况进行比较,评价趋势好坏。评价对象:供电所、职能部门。

健康度体检表是根据"收入最大化,成本最小化"的经营原则设计的,可反映各类指标的健康情况,诊断出各分局的指标情况(见图3-3)。

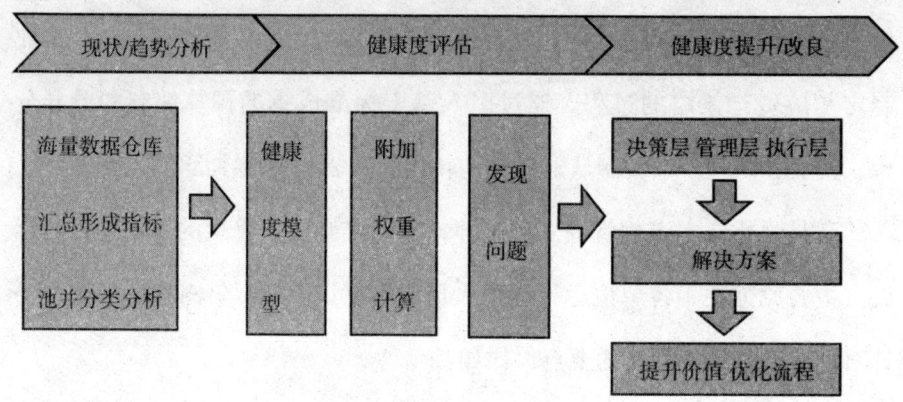

图3-3 健康度体检表图示

第二步:外部对标:通过"流程对标+指标对标",系统分析绩效关键成功因素,找出差距,形成红绿灯管理模式(见图3-4)。

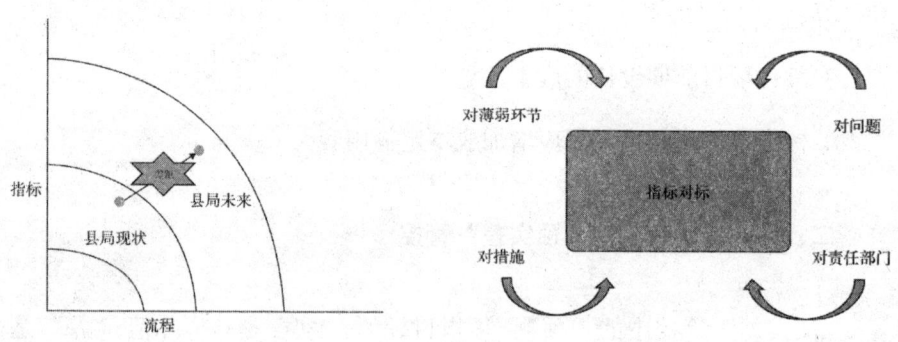

图3-4 对标示意图

(1)流程对标:从7个关键业务流程开展三维对标工作,发现差距,关闭差距。三维对标,即一对"现状水平",二对"关键问题",三对"责任部门"。(见表3-2)

表 3-2 各部门流程对标汇总表

序号	流程分类	流程	水平 一般	水平 居中	水平 领先	责任部门
1	财务流程对标	成本控制——运行维护检修成本	√			财务部
2		成本控制——营销客服成本	√			
3		成本控制——管理费用	√			
4		财务分析	√			
5		计划、预测及预算——先进的预算工具		√		
6	营销流程对标	市场活动策划管理	√			市场营销部、供电所
7		客户策略管理	√			市场营销部、供电所
8		客户满意度调查管理（第三方）	√			市场营销部、供电所
9		渠道管理	√			市场营销部、供电所
10		故障抢修管理			√	市场营销部、供电所
11		负荷管理		√		市场营销部
12		客户联系管理		√		客户服务中心
13		电能计量装置管理			√	客户服务中心
14		抄表管理	√			市场营销部、供电所
15		电费核算管理		√		市场营销部、供电所
16		电费回收管理	√			市场营销部、供电所
17		检查/稽查服务管理		√		市场营销部、供电所
18		停电管理			√	市场营销部
19		社会活动管理		√		市场营销部
20		节能降耗管理	√			市场营销部

续表

序号	流程分类	流程	一般	居中	领先	责任部门
21	电网规划流程对标	电网规划与投资计划制订流程		√		计划建设部
22	工作管理流程对标	基建、技改项目流程		√		
23		运检作业流程		√		变电管理所、输电管理所、生产设备部
24		应急抢修作业流程		√		供电所
25		业扩项目作业流程		√		客户服务中心
26	人力资源流程对标	组织和岗责设计	√			人力资源部
27		人员配置	√			
28		绩效管理	√			
29		人员激励	√			
30		行政管理和人员服务		√		
31		人力资源系统管理	√			
32	调度运行流程对标	非计划事件管理			√	电力调度中心
33		计划事件管理			√	
34		应急响应协调		√		
35	供应链计划和管理流程对标	物资需求计划——制订项目物资和备品备件需求计划		√		物资仓储配送站
36		战略采购——物资分类管理/制定采购策略	√			
37		战略采购——项目采购	√			
38		战略采购——策略性采购	√			
39		采购执行——合同管理	√			
40		采购执行——供应商管理	√			
41		质量与供应商评估支持	√			
42		储运管理——制定服务策略和库存管理	√			
43		项目物资耗用	√			

通过流程对标,发现差距,并第一时间形成工作任务,作为管理提升

的举措。

表 3-3 供电所关键业务识别和梳理工作

举措名称	M1、1、3 开展供电所关键业务识别和报表梳理优化工作			
举措目标	减少基层报表填报量			
衡量指标	2013 年	2014 年		2015 年
		对于固定的高频度的报表，进行数据填报录入、格式固化		
编号	工作要目	工作内容	时间要求	责任部门
1	开展供电所关键业务识别和报表梳理优化工作	对于重复冗余的报表予以删除，对于类似的报表予以合并优化；对于各业务系统中已存的报表，不再填报；对于固定的高频度的报表，进行数据填报录入、格式固化	2014 年	地区局农电管理部、信息中心
收益	大大减少基层报表填报量，将 152 张报表简化为 19 张			

（2）指标对标：四维对标，对薄弱环节，对问题，对措施，对责任部门。

第一步内部对标，自己与自己对比。通过关键指标目标值与实际值之间的差距，找到问题，解决问题。第二步外部对标，内部指标得到显著提升后，可在本省区域内进行对标（见表 3-4）。

（3）依据对标结果，对各部门指标采取以"解决问题，提升指标"为导向的红绿灯管理，针对薄弱环节进行立项改善。

红灯指标是指不能完成目标值的指标；黄灯指标是指能完成目标值，

但是过程存在问题的指标;绿灯指标是指能按时完成,且过程没有问题的指标,如表 3-5 所示。

综上所述,麻江县供电局的绩效改善的闭环思路,可以总结为五化管理:计划指标化(年度 OGSM 分解成 N 个指标),指标分类化(A 组织绩效、B 职能绩效、C 岗位绩效、D 项目绩效),指标任务化(形成对应的改善举措),任务时间化(按轻重缓急排序),能力清单化(需要提升哪类能力)。

第三章 构建经营地图：打造全员经营的工作任务体系

表 3-4 指标对标

序号	指标	目标值	实际值	现状描述	原因分析	改善措施	工作任务	完成时间	责任人
1	线路永久故障	18次	目前只有3次	目前从绩效角度只有惩罚没有奖励的部分	由于平时的维护资金不到位，3-9月份线路损坏比较多；对线路损坏问题有上报，但没有给予上级相关指示	1.给上级和职能部门汇报；2.给上级和职能部门汇报，上报处理；3.加大技改投资及人力，细分造成永久线路故障的原因	1.统计故障，每月或者设备所有要求的时候都要上报处理的故障率，需要上报分析立即上报相关部门，破坏或人为原因	月底30日	赵庆、吕亚星
2	维护检修计划完成率	100%	100%	计划期限是动态的，根据电网风险预警都可以完成	本部门只能上报计划，无法影响领导作出要细分的责任	给上级汇报，上报计划；加大技改因素（雷水季节和要细分的责任）	发生缺陷后（紧急缺陷1-2天，一般缺陷3个月内）已处理		赵庆、吕亚星
3	特巡特维完成情况	100%	100%	根据电网风险预警都可以完成	无	无	特殊巡视，保供电	上级要求（一般在节假日）	部门所有员工
4	消缺及时率	100%	100%	有些缺陷不能及时消除	涉及生态环境的保护，跟农户商量赔偿	有安全隐患，第一时间报告	1.对安全隐患及时管控，上报并处理（下达安全隐患告知书，现场管控）；2.办理工作票，处理缺陷（一般缺陷3个月内，重大缺陷1-2周，紧急缺陷1-2天）	临时性	赵庆、吕亚星

自主绩效
贵州电网：凯里麻江供电局数字化建模与绩效模式观察

表3-5 过程中没有问题的指标

序号	对标指标	目标值	实际值	现状描述	问题分析	改善建议
1	售电量（万千瓦时）	55760	49070.19	目标完成69.53%，公司已标完成3/4，指停运，园区客户生产能力下降，完成计划的压力较大	1.X公司生产空间下降；2.关注Y厂生产情况；3.Y公司的搬迁，负荷下降	1.关注X公司，为其投运提供电力保障；2.关注Y厂负荷情况，寻求新的增长极；3.做好园区客户服务，保障现有用户生产
2	电费回收（%）	99.88	99.91	目前A所B企业大费6.88万元，城关所欠费2.97万元	1.B企业生产不景气；2.高耗能等客户投诉周期不稳定；3.收费外包人员责任心不足	1.采取预付电费制；2.提高非现金缴费比例；3.逐步取消收力方式，防范电费风险
3	客户满意度（分）	局目标78	—	2015年未作测评	就我局目前对非现金缴费的接受度、表抄质量等客户关注指标不是很好，将直接影响客户满意度	1.加大非现金缴费的宣传力度；2.加强抄表人员的培训；3.注重对客户反馈问题的处理及回访
4	非现金缴费成功率（%）	80	71.97	非现金缴费成功率较低	部分用户对非现金缴费处理存在心不足；2.新用户无法办理的处理不规范	1.加大非现金缴费业务处理进行把关；2.加强业务培训力度，解决新用户缴费的问题
5	营销稽查工作（分）	100	95.02		1.供电所责任心不足；2.营销业务处理不规范	1.要求派遣单位加强抄表人员的要求；2.规范业务环节客户的沟通；3.规范化收费现场的问题
6	管理线损率（分）	6.94	6.75	低于指标0.19个百分点	1.A所管理线损率偏高；2.外包抄表业务质量不高；3.开展计量核查和两个比对工作；4.10千伏设备档案不全，统计指标与现场有差异	1.对抄表质量进行检查，对外包单位进行管理；2.规范计量管理对没有封签的要求；3.开展计量核查现场档案；4.开展有损线损管理评估
7	"变、户清理"（%）	100	36.13	工作进展缓慢	1.工作量大；2.日常工作较多，放在此项工作上的精力有限	将此项工作成人月度计划中，做好安排

第三步：日常运营中的持续改善

麻江县供电局持续改善的工具有三张表：一是问题跟踪单，二是日清控制表，三是月度例行工作事项表。

问题跟踪单：一线员工在发现自己无法解决的问题后，以填写问题解决票这一书面形式向管理者和职能服务部门提出解决需求，由管理者和职能服务部门在规定时间内予以解决，并由问题提出员工确认解决效果。

表3-6 问题跟踪单

问题跟踪单（5W1H）								
问题类型	序号	问题项	区域	发生原因	解决方法	责任人	时间	验收人
通用类问题								
业务类问题								

日清控制表：日清控制表遵循"日事日毕，日清日高"的原则，帮助班组长及时发现问题，解决问题，强化基层班组的计划与执行能力。

月度例行工作事项表：员工用来梳理月度例行工作和时间，使日常工作具有计划性、条理性，重点突出，提高工作效率；部门负责人依据员工提交的例行工作事项表了解员工工作计划，结合部门重点工作，做好月度部门工作安排。

表 3-7 日清控制表

日清控制表						
序号	工作项目	实施细则	时间	完成情况	可能遇到的问题	解决措施
1	班前准备					
2	班前会议					
3	班时记录					
4	班后总结					
重大异常跟踪报告		异常事项：				
		处理方式：				
		追踪结果：				
制表：		复核：			日期：	

表 3-8 月度例行工作事项表

月度例行工作事项表															
班组：			岗位：			日期：									
序号	例行工作事项	1	2	3	4	5	6	7	8	9	10	11	…	28	29	30	31	标准分值	实际完成情况	备注
1																				
2																				
3																				
4																				
5																				
6																				
7																				

第四节 建一个指标库——指标库是员工绩效的金矿

一、千斤重担大家挑，人人身上有指标

麻江县供电局的指标库，建立在工作充分量化的基础之上。

在进行业务梳理的过程中，围绕"为什么做？做什么？谁做？什么时候做？在哪里做？怎么做？"这六个关键问题，共梳理出部门主要一级业务130项、二级业务458项、三级业务1861项，流程345个，各类表单1493张，还在15个管理和生产部门建立了绩效库，赋予分值的业务事项达到2362个（动态数据）。这就是在获取多样化的信息，通过梳理、分析为决策作依据，让每个人的决策，都能够有数据支撑。每位员工都可以通过信息化平台第一时间获取任务信息和分值信息。林江华说，要让员工把工作干得明明白白，他才可能安心下来。

麻江县供电局绩效指标库对县级供电企业具有借鉴意义。

（一）建立量化管理的意识

时间都去哪儿了？这是基层员工最常感叹的一句话，细思量，原来我们的时间全"干抢修、查故障、补资料"去了。月终年终时，还得不到领

KPI 自主绩效
贵州电网：凯里麻江供电局数字化建模与绩效模式观察

类别	内容	任务分值	责任人比例	参与人比例	排序
生产管理类	工程初验	1.00	1.20	1.00	1
生产管理类	线路改造	2.00	1.20	1.00	2
生产管理类	台区更换	5.00	1.20	1.00	3
工作票执行	线路第一种抢修工作票填写规范合格	1.00	1.20	1.00	1
工作票执行	线路第二种抢修工作票填写规范合格	0.50	1.20	1.00	2
安全检查及宣传	安全例会并及时下发隐患通知书（保底2h）	2.00	1.20	1.00	1
安全检查及宣传	安全宣传（每小时）	1.00	1.20	1.00	3
安全检查及宣传	工作票填写观察/考问	1.00	1.20	1.00	2
安全检查及宣传	安全技术交底（附相关资料）	2.00	1.20	1.00	4
安全检查及宣传	自劝自查处违章并及时制止（附图）	10.00	1.00	1.00	5
客户用电安全管理	保电	2.00	1.20	1.00	1
设备缺陷	发现一般缺陷上报、系统录入	3.12	1.00	1.00	1
设备缺陷	发现严重缺陷上报、系统录入	4.26	1.00	1.00	2
设备缺陷	发现危急缺陷上报、系统录入	7.12	1.00	1.00	3
设备缺陷	设备异常资料系统维护	2.50	1.20	1.00	4
设备缺陷	设备异动现场收资（模拟实际情况调整绘）	4.20	1.00	1.00	5
设备缺陷	一般缺陷处理执行（附证据）	12.00	1.00	1.00	6
设备缺陷	严重缺陷处理执行（附证据）	24.00	1.00	1.00	7
设备缺陷	危急缺陷处理执行（附证据）	48.00	1.00	1.00	8
设备运行维护	巡视35kV线路设备	0.50	1.20	1.00	1
设备运行维护	10kV线路巡视（含变压器）	0.57	1.20	1.00	2
设备运行维护	0.4kV线路巡视（含户表）	0.08	1.20	1.00	3
设备运行维护	更换变压器	30.00	1.00	1.00	4
设备运行维护	0.4kV线路断线处理（接线）	4.05	1.20	1.00	11
设备运行维护	0.4kV线路电力漏油清理	3.14	1.20	1.00	11
设备运行维护	10kV线路电力漏油清理	4.15	1.20	1.00	11
设备运行维护	线路枯相	5.09	1.20	1.00	11
设备运行维护	安装10kV线路绝缘子拆装	2.60	1.20	1.00	11
设备运行维护	立电杆	25.00	1.20	1.00	11

导、客户、家人的一句好。怎么办？综合统筹思想来帮忙。

图 3-5 麻江供电局 MyWork 系统

在原有的工作模式中，乡镇供电所员工有相当程度的时间浪费在往返路程上，仅以城郊供电所抄表业务为例，其"往返路程时间"就占了该项业务时间的 45%。而其他非计划业务（突发性单件业务，如业扩新装等）"往返路程时间"所占比例更高，这也是供电所深感人手不足的主要原因之一。应用统筹思想，最大限度地增强工作的计划性，可有效节约"往返路程时间"。如要求大家利用抄表时同客户接触的机会，完整收集客户报装电表的信息，然后以任务包派发的形式统筹安排同一路线的装表工作（每次最低可安排安装 3 户或同一路线的其他业务），从而大大节约了员工往返路程的时间，现在完成一次客户低压新装电表业务仅需 3.5 小时（往返路程时间 1 小时 + 典型工时 1.5 小时 + 报装信息预收集 1 小时 =3.5 小时），而过去完成一次客户低压新装电表业务，供电所员工最少需往返跑两次（初勘收集信息一次，装表接电一次），以平均每次往返 3 个小时路程、典型安装工时 1.5 小时、报装信息收集 1 小时测算，则需总工时 8.5 小时。统筹安排后，每次可节约工时 5 小时（单人次），而实际装表业务最低需 2 名员工，若以 2 人计则节约总工时 10 小时。如以该所每月新装业务 60 户计，总体可节约 600 小时，折算可节约人力资源 3.4 人 / 月。

——节选自曾加劲 2016 年 1 月 19 日《梅寒傲雪迎风开 雀闹枝头报春来——创先工作有感》

一切行为都将有"数据"可循。我们都知道，传统企业的管理方法一般都是通过定性和定量两个指标衡量管理效率，但在实际的操作过程中，却忽略了很多难以量化的行为。接下来我们要讲的量化管理实则是通过定性和定量的管理行为最大化地利用信息技术工具量化为信息（数据），管理的目标也从对人的管理转移到对信息（数据）的管理。这样就避免了很多不能量化的行为。

创新能力、责任心、上进心等在传统管理科学中模糊不清的指标，都可以通过数据量化来解决。如麻江县供电局的业务树、积分、B 分管理等，都是以量化管理为原理所进行的信息积累。

所以我们必须知道自己应该做什么，应该关注什么，又应该放弃什么和忽略什么。信息的公开和透明以及科技的发展，让过去的复杂行为都变成了简单易处理的数据。在信息的帮助下，任何人都能更从容地解决自己的问题,建立企业与信息全新的关系。

(二)建立管理者思考清单

对于管理者来说,如何利用数据做量化变成了一项难题:哪些数据可以收集?哪些数据是隐私?数据以什么样的方式进行保存?保存的期限是多少?数据除了对员工进行绩效考核之外,还有哪些用途?怎样分析数据……

这就需要管理者重新制定公司的规则,对以上问题以及在变革过程中遇到的其他问题进行系统思考。林江华总是随身带着小本子,上面有他的思考清单(见表3-9)。

通过管理者清单,自上而下执行,自下而上创造,逐级履行职责并完成任务,推进最终目标的达成并不是一件难事。

表3-9 管理者思考清单

我该思考什么	我该落实什么	能程序化吗
我们的任务是什么	我的任务应该是什么; 我应该做出什么贡献; 什么事妨碍我完成任务; 我应该放弃哪些事情	这些事项是否可以软件化、程序化; 这些事情是否可以交付给机器或智能设备操作
员工该承担什么责任	他们需要什么工具; 他们需要什么刺激; 他们需要什么保障	这些事情是否能够为决策提供数据信息; 还需要补充什么决策数据; 哪些数据信息是需要开放、透明、分享的; 哪些事项的数据可追踪;如何追踪
为服务好员工承担责任我该做什么	工作有意义吗?能满足员工的成就感吗; 工作方向明确吗; 工作目标是什么; 工作关键效果是什么; 工作流程信息化吗; 工作工具简单有效吗; 制度是否束缚员工大脑; 员工工作环境开放舒适吗	

续 表

我该思考什么	我该落实什么	能程序化吗
	员工能够获得工作所需要的有效信息吗，信息丰富吗； 员工有社会化学习的机会吗； 员工清楚对哪些事情有决策权吗； 员工知道对哪些事情负有责任吗； 员工工作目标丰富吗，多样性吗； 员工在面临其他机会时，他们愿意继续为公司工作吗； 组织把他们看作资产还是成本，并给予相应的待遇了吗	进一步提高效率应该怎样做优化

二、建立一体化的职能分解表

职能分解表是系统的指标分解工具，按照调整后的职能分工，形成"职能—指标—举措"三连环的绩效闭环逻辑。相比传统人力资源模式下的部门职能说明书，这更像是一个描述职能部门价值的说明书，它集成了职能分工、指标体系以及完成指标的必要举措。

表 3-10 客户中心职能分解表

序号	1	2	3	4	5	6	7
职能	高压业扩	客户回访	电能计量管理	用电检查	客户停电管理	居民住宅区电力资产移交管理	营销项目管理
指标	受理客户装表及客户及时装表接电及时率≥95%	回访率100%	电能计量装置覆盖率100%，上线率>95%	计划完成率100%	指标：基本值26.95；满分值24.5	完成318万元（原值）	按照下发的营销项目计划，制定可实施项目
等措施	严格执行上级规范要求，不发生"三指定"行为；加强客户工程的管控，不发生报装后对过程进行监督，在规定时限内完成接电工作	及时做好客户回访工作，对客户提出的意见、建议、诉求、投诉等及时汇总	按照电能计量装置检定规程，制订年度电能计量装置检定及轮换计划，按计划开展工作；加强电能计量自动化装置运行维护管理，确保在线率达95%以上	按照用电检查管理相关规定，制订年度用电检查计划，按计划开展工作；做好重要客户资料收集及用电检查工作；组织开展反违章、反窃电工作	收集上报客户停电相关数据，并按照上级下达的客户停电指标分解到相关部门	按照上级下达的资产接收指标，配合公司进行相关资料的收集	按照下发的营销批订项目计划，制定可实施项目；做好营销项目施工的过程安全管理，确保项目保质量完成

本章小结：

1. 麻江县供电局"业务管控树"："业务管控树"是舍弃原有的、不再适应市场化改革的传统金字塔式组织结构，通过"去中心化"，按"自上而下、纵向到底、横向到边"原则，根据"部门职责、岗位业务事项、业务频率、业务流程、业务表单、所应用业务信息系统"等要素，调整组织结构，建立扁平化组织，开展本地化修编，形成适应自身管理需求的"业务管控树"，简单、清晰地让干部员工都明白了"管什么、怎么管，干什么、怎么干"。

2. 麻江县供电局的"创先路"：满眼生机转化钩，天工人巧日争新。只要向前发展，通过思维的碰撞，一切新的、带有时代感的想法和做法都会涌现出来。麻江县供电局按照"前端防杂、后端减重、中间治乱"的原则，打破思维的天花板，用对标管理实现"预实差"管控。"南网梦，创先路"不再是一句口号。

3. 麻江县供电局的"指标库"：从量化管理到建立管理者的思考清单，摒弃一切老旧的管理思想，顺应时代潮流，建立自己的指标库和一体化的职能分解表，构建麻江经营地图，实现全员经营、全员自主管理的工作体系。

第四章 ▶▶▶

基于划小核算的绩效薪酬一体化

本章内容提示

我国古代兵家有"赏禄不厚,则民不劝"(《尉缭子·站威》),"礼赏不倦,则士争死"(《黄石公三略》),"军无财,士不来;军无赏,士不往"(《十一家注孙子》)等观点,都强调报酬对军士的重要作用。随着现代经济的发展和数字化时代的到来,社会多样化趋势日益凸显,客观上要求企业对薪酬的管理具有一定的弹性,以适应不断变化的目标需求。麻江县供电局通过对绩效薪酬进行划块、分段,实现了效率优先、兼顾公平。本章主要分析麻江县供电局"分了一个积分池,搭了加了一根好杠杆"的原因和背后的逻辑。

◈ 抢单机制——培养内部创客进行自主经营

◈ 薪酬划块——划小薪酬结构,增加价值吸引力

◈ 自主经营的支撑体系

第一节 抢单机制——培养内部创客进行自主经营

导入故事：我的地盘大家来做主

> 俗话说得好"挣钱容易分钱难"，绩效划块到部门以后，怎样才能继续往下分配呢，这可是让部门领导颇为头痛的一件事。不过没关系，观念一变，万事不难。这不，我的地盘大家来做主，大家的事大家商量着办。"怎么定积分规则，嫌业务事项不明细"……没关系，将所有事项分成300项。"不，太多了，光评价都要花太长的时间。"好吧，那就再缩减到200项。你看，民主氛围出来了，再难的事也都简单了。（供稿：曾加劲）

一、全面实行"抢工分"制度，通过"内部市场化"激活组织活力

共享经济时代，企业的商业运作模式逐渐改变，企业产生财富的重要资源——人力资源也必将实现共享优化。麻江县供电局借鉴"共享抢单"思维，突破传统人力资源"四定"模式，通过创建工作积分机制，鼓励员工个人抢单、共同抢单，以单项工作为载体，跨地区、跨部门、跨专业"临时流动"工作，创建"事在人聚、事完人散"的动态作战小单元，丰

富了企业组织构架,激发了人的内生活力,推进人力资源有效共享,最大限度地实现员工个人价值和企业经济利益。

为了形成"比、学、赶、帮、超"的工作氛围,麻江供电局在全面实行"抢工分"制度,传播"人人都可以成才"组织价值观的同时,以"抢单、接单"的方式,培育适合自主经营的"土壤",最大限度地激发员工提升岗位价值。同时,以重大项目为引领,以工资总额为杠杆,建立"内部虚拟市场",促使员工成长,推动人力资源共享,打造内部跨界项目团队,提升企业整体创新能力。

(一)共性激励性薪酬考核

通过工资总额的二次划小,按一定权重对薪酬单元进行二次调整,将职工引到创造价值的地方上去,形成物质与精神上的双重激励机制,如图4-1所示。

组织层级	薪酬分配方式			
县局机关	6(基础薪酬)	2(年度目标薪酬)	1(月度薪酬)	1(项目争抢积分薪酬)+(创新创优积分薪酬)
供电所	6(全州指标薪酬)	3(年度任务目标薪酬)	1(单项工作积分薪酬)	+(创新创优积分薪酬)

共性激励薪酬　　　　　　　个性激励薪酬

图 4-1　薪酬分配方式

(二)通过"内部市场化"导向型的考核机制,建立共享、共治的内部虚拟市场

如何提升企业内部创新能力,推动提升企业的核心竞争力,让企业在发展的大潮中立于不败之地,是企业管理者需探索的重要课题。在一定程

度上，企业间的竞争就是创新能力之间的竞争，创新能力的发展很大程度上依赖于对人才的管理水平，同时与企业的发展方向息息相关。

"创客"，泛指具有创新理念、自主创业的人或者群体。在企业内部培植一片土壤，让传统的团队成为内部创客组织，在为企业提供全方位的创新内生动力的同时，实现员工自我价值，成为当前企业管理课题的重要方向。但在对小微组织的绩效管理上，大多数企业在管理方式上仍然沿用传统的绩效管理模式，该管理模式存在以下几方面的显著弊端：

一是绩效考核偏重结果忽视过程，若强化过程管理又会导致授权不足，影响管理效率；

二是突出当期考核结果而忽视员工考核在较长周期的可持续性；

三是奖励机制不合理，特别是非竞争性的国有企业，没有增量薪酬激励，影响员工积极性。

由此可见，传统绩效管理模式不能满足核心人才成长和发展的需求，企业内部管理模式的革新势在必行，否则企业内部创新便是无源之水，无从谈起。

共享、共治的创客组织应该是这样的：

1. 树立全面人才观，建立广义"内部创客"标准

人才作为先进生产力和先进文化的重要创造者和传播者，是生产要素中最活跃、最重要的因素，是企业创新发展的核心要素。麻江县供电局建立广义的人才标准，把能想别人不能想、能做别人不能做、能创新创优，提供正能量、增比进位的都算作人才，让"人人都可以成才"，不再唯学历、唯职称、唯资历、唯身份论。提倡不拘一格选拔人才，全面客观衡量人才，按照各类人才的成长规律和不同特点去识别、选拔和起用人才，使各类人才都有施展自己才华的机会，都有充分发挥自己聪明才智的空间和舞台。

2. 组织工作抢单，培养创客特质

工作抢单，是由员工个人或多人团队主动申报或竞争接单的积分项目。项目参与人需自行拟定工作思路并在限定时间内完成，完成情况由考评机构评审通过后兑现薪酬积分。

创客特质是指员工在对新事物、新方法上围绕自身优势形成的一种基于自律及自学基础上的创新行为或品质。通过工作抢单，项目成员通过主动了解项目内容、解读管理办法、探索可行性方案，从自身优势出发，搭建项目团队，形成自律和自学的管理习惯。通过调查公司创客团队后得知，项目团队高度自律，具备统一和明确的目标，团队目标体系均呈"金字塔形"，符合现代目标管理体系的结构特征，具有较强的问题解决和组织实施能力。在团队绩效分配的过程中，核心成员获得积分占总积分的65.99%，体现出"多劳多得"的公平原则，增强了组织凝聚力。

3. 传播积分文化，激发创客裂变

传播积分文化，让员工在兑现薪酬积分的同时，获得组织文化的认同，营造争赶学习的"跟随效应"，搭建"全员积极创新，人人争当创客"的组织氛围。

4. 实施重大项目，促进创客成长

重大项目是指公司组织人力物力，解决生产经营中面临的重大或亟待解决的问题。麻江县供电局采用"高薪高配"政策，集合管理层、职能部门和基层执行机构相互配合组成团队，吸纳熟悉业务流程、信息技术和综合管理等领域的人才共同参与，鼓励自主研发、学习借鉴，从而促进团队成员主动学习，互联互通，提升团队配合能力，将新思路、新做法、新工具带入管理、流程或技术问题的解决过程中，促进专业型人才向多面型乃至全面型人才发展，实现个人能力持续成长。

5. 推动人力资源共享，催生"跨界创客团体"

长期从事本职工作的员工，思想容易被局限固化，而引入其他部门人员的参与合作，可以有效开展头脑风暴，融入新思维。麻江县供电局通过建立工作抢单机制，搭建"工作计划自愿申报、工作任务自主认领、工作职责主动承担"的薪酬争抢平台，为干事者创造增收的机会，同时，也实现人才的跨部门、跨单位、跨级别流动，打破了部门壁垒和专业壁垒，淡化了行政等级。如生产部门的员工可以通过抢单机制参与综合部门的工作，反之亦然，让人才不再局限于本部门、本岗位，加大了不同部门人员之间的思想交流，助力员工获取新的灵感，提升综合素质，催生"跨界创客团队"。

（三）积分激励导向型薪酬考核

传统绩效考评模式存在的问题，促使我们思考和探索新的绩效考核机制，将职工引到创造价值的地方上去，形成物质与精神的双重激励机制。以工作抢单积分制为核心的绩效考评模式应运而生。

麻江局以"6211模式"为起点创立的工作抢单积分管理模式，以内涵丰富的各类单项工作为载体，为"内部创客"多渠道、多层次搭建了平台。一方面，企业因员工积极作为激发了创新创效活力，从而推动企业快速高效发展；另一方面，员工通过主动争抢工作提高了个人技能水平，让人人都有可能成为创客。

单项工作抢单积分制模式主要分为两种，一种为员工或团队（根据项目情况自主创建）主动申报工作项目，另一种为组织发布工作项目由员工或团队主动争抢。员工或团队主动申报工作项目流程为：主动填写立项申请表、初审、审核积分、立项、过程考察、考评验收、获得积分、按月兑换积分薪酬。组织发布工作项目流程为：发布工作立项、绩效委员会核对积分、发布项目、个人或团队报名争抢、委员会确定抢单人或团队、过程考察、考评验收、获得积分、按月度兑换积分薪酬。

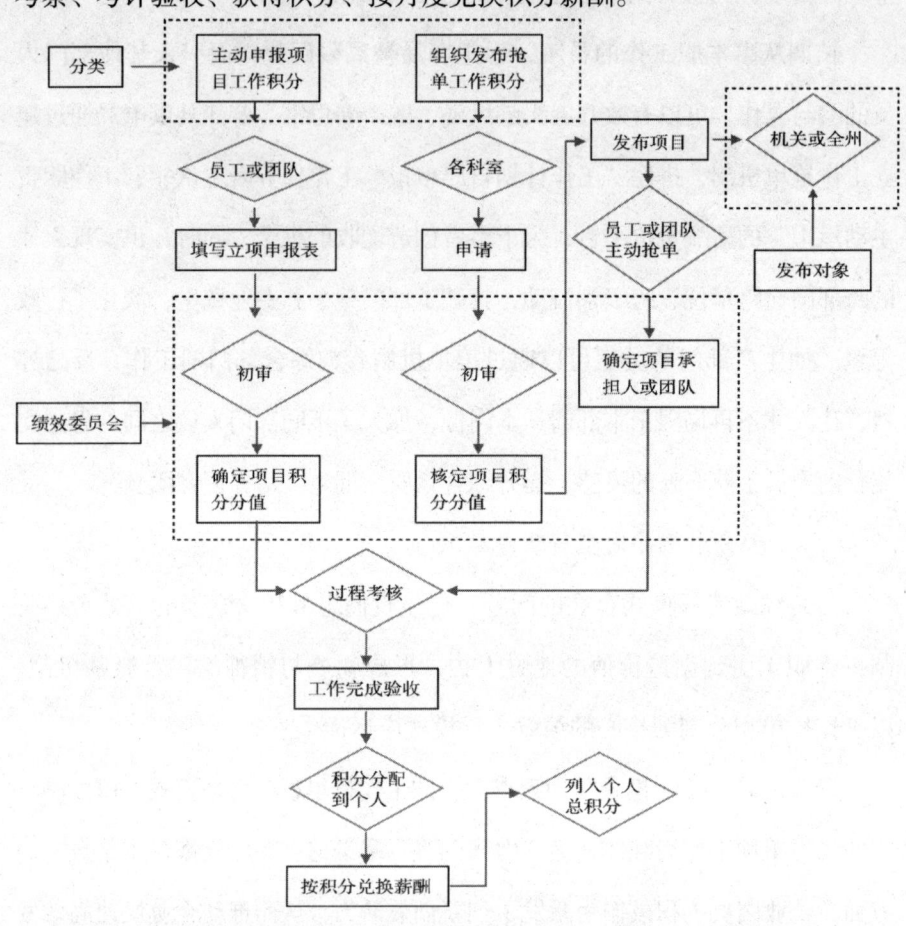

图 4-2 单项工作抢单积分制流程图

二、抢积分制，让员工主动想事、主动找事、主动干事

（一）抢积分：让每一个人都不一样

通过实施"完成指标有积分、发现问题有积分、提升质量有积分、创新创优有积分、主动作为有积分、好人好事有积分"的考核机制，形成了"工作计划自愿申报、工作任务自主认领、工作职责主动承担"的工作氛围和"你追我赶、增比进位、争先创优"的文化氛围，保障了员工的好状

态,促进了各项工作的有序开展,并取得了阶段性工作成效。

以工作抢单积分制为载体,企业搭建多渠道多层次的成长平台,为员工创造争抢积分的机会,培育有利于催生创客的土壤。

一是在企业内部营造信任文化氛围,建立管理者与员工之间的信任,团队成员之间的信任,鼓舞员工以更大的热情和创造力投入工作,提高执行力;

二是将单项工作实施项目化管理,企业在生产经营目标和年度任务目标之外,发布自主单项工作,明确工作内容要求,给每个项目赋予相应的积分值,为员工提供自愿选择的机会,并且建立单位之间、部门之间、部门内部、团队、员工个人等多种抢单模式;

三是将员工主动作为、增比进位、争先创优以及好人好事好作风统一纳入积分管理,引导职工想作为、争作为、有作为,激励职工多得分、多加分,搭建"工作计划自愿申报、工作任务自主认领、工作职责主动承担"的积分争抢平台,使积分获取方式由"自上而下安排工作"转变为"自下而上认领工作"。

(二)专项积分工作的申报流程

专项积分工作的申报流程如下:由领导授意,专项工作承接者填表申报,经由人事劳资科均衡分值后,报分管领导审批;分管领导审批后,报绩效考评委员会审批,审批过后进行公示;专项工作完成后,由绩效考评委员会审核专项工作结果,将结果告知人事劳资科,人事劳资科累计积分;积分累计到年底,一次性兑现薪酬。

由于争抢项目较多,项目申报和审批的程序复杂,工作量较大。为此,积分制绩效考评需要信息化系统来支撑,并将PC端操作进一步延伸到手机端,使月度考评和项目工作的积分审核、评定和公布在PC端和手机端实现同步操作,利用手机端及时推送相关提示信息,才能提高审查审批工作效率，实现绩效考评体系的可操作性和推广价值。

为能公平合理评价员工申报的工作计划及单项工作的价值大小，需要预先设定工作评价标准，并通过绩效考评委员会独立评审。

公司发布的抢单项目，受项目数量、阶段性工作等因素局限，可采取分期、分批发布的方式解决。并由人力部门做好发布项目的台账，以便控制发布项目的总量，避免发布抢单项目过多、兑现薪酬突破工资总额的问题。

表4-1 创新积分计分标准示例

项目亮点		创新前情况描述		创新后情况描述		
指标	内容	指标描述		评估分值	小计	总得分
项目效益指标（60%）	可行性	本单位实施风险小		0~10		
		无可参考的标准，实施风险大		0~10		
	实用性	具有组织和行业内外的实用推广价值，可被学习借鉴		0~10		
		具有一定的前瞻性，能满足不断增长的需求		0~10		
	有效性	新增产值明显，财务、市场等经营结果，以及比较结果		0~10		
		节约资金，新产品、新技术、新标准或新规范等成果，以及比较结果		0~10		
项目质量指标（40%）	方向性	符合组织规划、要求，可系统地在组织内进行部署和实施		0~8		
		提升现有效率明显，易于实施，符合组织资源配置能力		0~8		
	客户导向	明确目标客户，满足客户当前或未来的需求		0~10		
		推动技术进步，致力于超越客户的期望		0~10		
	新颖性	采用新的或显著不同的技术或方法，与已有方案有明显区别		0~7		
		项目成果形成组织的竞争优势，实现行业、国内或国际领先		0~7		
		A.90分以上 B.80~89分 C.60~79分 D.低于60分不予通过				
是否可以推广		☐是 ☐否				
推广的范围		☐行业内 ☐省内 ☐州局 ☐业务单位				
评审专家指导意见：						
备注：此表由各单位（部门）自行申报（每季度申报一次），由评审小组进行评估后赋分						

三、"抢单机制"模式的本质是自主经营

"抢单机制"这一新型绩效管理模式也可称为"自主经营",也催生了"片区经理"这一岗位。

竞聘机制:员工提交预算、预案、预酬,公开竞聘片区经理,人力资源部确定片区编制,组织人员进行公开竞聘。

抢单机制:县公司根据人区客(员工,区域,客户)划分目标体系,确定目标级别,自主经营体进行抢单。

核算激励:片区经理核算通过职能分解表、日清表、人单酬表进行。职能分解表为纲领;日清表承上启下,关注开展过程;人单酬表是结果。

资源平台:县公司搭建平台,支持一线片区经理满足客户需求。

一体化的信息支撑平台:帮助片区经理快速聚焦预案和现实的差距,让员工可及时通过努力缩小差距。

员工拿出实施方案与可实施的凭证,包括预算、预案、预酬来公开竞聘;横向部门、利益相关者、员工、客户共同组成评委会综合评估确定人选;片区经理拥有用人权和分配权,还拥有企业的大资源平台;片区经理无固定任期,而且随时接受经营成果的检验和"官兵互选",2/3以上的评委会成员可以联名淘汰不合格的片区经理,重新竞聘;每个团队设立"鲇鱼岗",由综合素质较高的员工担任"鲇鱼"的角色,一方面是实施后备人才培养,另一方面也是便于在现任经营长不胜任的时候能随时取代,最大限度地保障团队工作的连续性;片区成员由人力资源部门与片区经理共同设定岗位标准和定编,通过公开竞聘"抢入";竞聘过程既明确了最终要完成的目标,又明确了完成目标所需要的手段、方法、路径和资源等,

还明确了完成该目标之后所应该有的薪酬水平；经营预案都是员工根据自己能力确定的，是员工与自己能力的博弈，而不是员工与企业的博弈。对于未能竞聘成功的员工，应给予多次竞聘机会。如果员工三个月后还没有"抢入"新的经营体，就被淘汰，淘汰率不高，只在2%~3%。

员工"抢单"获得积分，形成单项工作"项目打包"的方式。具体为员工个人或多人组成团队通过争抢上级发布的工作项目或自行申报的重要工作项目进行PK，并按担任的角色和贡献度分配到个人，打破部门、岗位和职级的限制。"单"有任务和指标的双重意思，且直接将薪酬与项目结果挂钩，积极鼓励企业职工"高认高配"，自主领取项目任务，获得相应薪酬。通过个人自主经营薪酬账户，职工能清楚地知道自己的薪酬期望与当前所获薪酬的差距，能刺激职工主动认领高薪资任务，"抢"更高的任务去学习和努力，切实提升职工的学习动力和能力，最终达到提振企业发展信心、激发职工工作动力的效果。

第二节 薪酬划块——划小薪酬结构，增加价值吸引力

一、薪酬分配及考核模式从"6211模式"到"零百模式"的转变

麻江县供电局对各职能部门及供电所的薪酬分配及绩效考核重点考虑两个方面：一是作为生产经营任务的实体，其薪酬分配和考核重点应围绕生产经营任务目标，并从注重结果性指标到注重过程性指标转变；二是在薪酬分配和考核上应给予各直属单位一定的自主权，激发基层单位活力。为此，对各业务单元考核与分配模式按"6211"的方式进行：

"6211+"薪酬划块，在工资总额不变的情况下调整薪酬结构。

2015年，按省公司统一部署，麻江县供电局进行了薪酬划块，按"6211+"模块进行，考核结果直接兑现到个人。

"6"为基本薪酬。经营目标导向型薪酬——关注企业发展，稳定整体收入，与之挂钩的是组织绩效。

此结构为全体员工的基本薪酬。薪酬的60%与县局年度主要生产经营任务目标挂钩，若主要生产经营任务目标未完成，薪酬将微幅下调。在稳

定员工基本收入的前提下,让员工不仅关注本科室的任务目标,更要关注企业的目标,增强职工的大局意识、忧患意识,真正形成同舟共济、上下齐心的态势。

"2"为部门年度目标薪酬。部门职责导向型薪酬——落实部门责任,共享团队成果,与之挂钩的是职能绩效。

依据市公司业务竞争策略所分解的部门KPI考核,重新梳理各科室KPI,根据指标完成情况年度兑现部门薪酬(该薪酬约占本人收入的20%),体现落实部门责任、部门价值、共享部门团队成果的协作思想。

"1"为个人月度工作计划考评薪酬。岗位职责导向型薪酬——落实岗位责任,努力提升岗位产出价值,与之挂钩的是个人绩效。

本模块是以积分方式,按一定标准分两个层级逐月分解给供电局分管领导及各科室主要负责人。科室主要负责人通过申报月度工作计划并接受考评,争抢月度工作积分;科室内员工通过接受科室主要负责人的工作安排和主动申报工作计划在本科室内部争抢月度考评工作积分。并且实现在月度内工作计划随时申报、随时审批、随时兑现积分,最终根据月度考评积分多少,兑现员工月度绩效考评薪酬(该薪酬约占本人收入的10%)。通过积分制考评,可有效激发科室内部主动作为和承担工作的能动性,变"自上而下"的安排工作为"自下而上"的申报,实现多干多得、少干少得、不干不得的管理目标。

另外的"1"为单项工作项目抢单薪酬。本模块是通过员工"抢单"获得积分,具体为员工个人或多人组成团队通过对公司发布的工作项目或自行申报的重要工作项目进行争抢,并按担任的角色和贡献度分配到个人,打破部门、岗位和职级的限制,体现主动作为、主动工作的思维,最终实现多抢多得、少抢少得、不抢不得,鼓励能者多劳,多劳就能多得。

"+"为创新创优薪酬。项目激励导向型薪酬和积分激励导向型薪酬——鼓励能者多劳,奖励多劳者荣誉。本项目以积分体现,员工通过自主申报创新、增比进位、荣誉、好人好事好作风等方面,经过局领导班子审核后,争取创新创优积分,营造人人主动创新、个个奋勇争先的发展氛围。

(一)年度薪酬的统计

年度薪酬=基本薪酬+部门年度目标薪酬+个人月度工作计划考评积分薪酬+单项工作项目争抢积分薪酬+创新创优积分薪酬-安全扣减薪酬-纪检扣减薪酬。

薪酬扣减与处罚:对出现安全事故和纪检监察问题情形的,进行年度薪酬扣减。

(二)温度计式价值分配体系

为了将员工引导到能创造价值的地方去,公司需实施"超额任务累计推进制"的绩效考核方式,即与"温度计式"价值分配融合,将考核结果与员工薪酬挂钩,鼓励员工自主发现问题、自主解决问题、自主丰富知识,鼓励能者多劳,劳者多学。同时,为了鼓励员工对自身品行进行提升,均衡能者与劳者的利益,还应建立积分库,积分累计结果不仅与荣誉相关,还要与员工薪酬挂钩,这有利于营造良好的企业文化氛围,引导员工向具有优秀工作品质的员工学习。

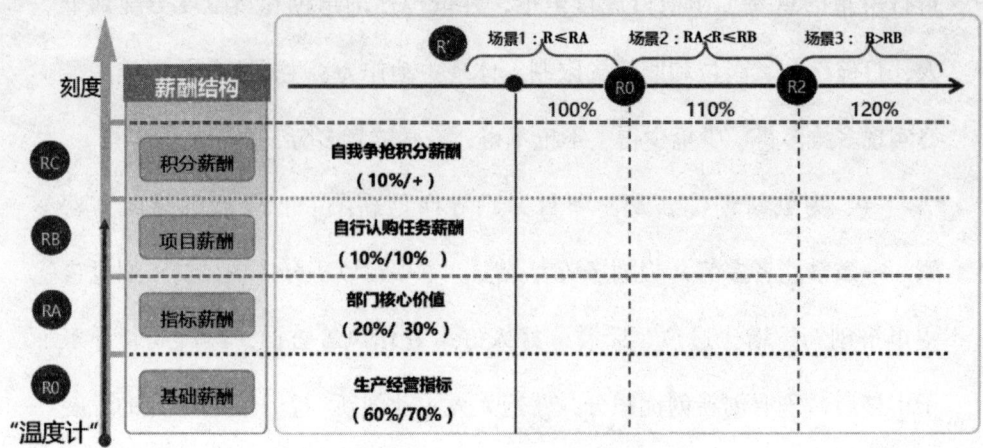

图 4-3 企业温度计式价值分配

表 4-2 企业员工薪酬分配示意

薪酬划分	基本薪酬	目标薪酬	个人考核薪酬	单项工作薪酬	创新创优及好人好事好作风薪酬		
占比	60%	20%	10%	10%	附加薪酬	附加薪酬	附加薪酬

（三）"零百模式"——薪酬结构的颠覆性变革

笔者近距离观察和研究麻江县供电局四年，抢单率由最初的 10%，慢慢变成 20%、30%……甚至 100%！在供电所里，固定工资与绩效工资的比例是 0:100。有些领导出面批评，认为这是 overpay（过度支付）。

林江华说，员工的浮动工资越高，管理的问题就解决得越多。

10% 比例的不断增加，本质上是员工积极性提升了，同时也对部门负责人的管理能力提出了更高的要求

抢单机制一方面激活了员工的积极性，另一方面促进了干部的有力成长。

借助"6211+"和"零百模式",薪酬分配体系真正意义上实现了高认高配,低认低配,有竞争、有激励,有付出就有回报的薪酬原则。

二、麻江县供电局当前正在探索的新型价值分配模式

数字化时代为企业带来了机遇和挑战。在传统的经济环境下,市场主动权在企业手中,企业生产什么,用户就被动接受什么。而在数字化时代,用户拥有足够多的选择权,在找到符合自己个性化需求的产品和服务时,主动权是掌握在用户手中的。员工的工资是谁发的?当然是用户发的。

在当前形势下,必须大力倡导"绩效决定企业效益、企业效益决定个人命运前途"的理念,让广大员工树立主人翁意识,让员工明白,企业也是自己的家,企业好自己才能好,企业不好自己也会受影响,只有努力干事、创业,提高组织绩效和个人绩效,才能获得更多的收入和发展机会,构建企业物质与精神的双重激励体制,打造个人目标与企业目标相一致的"双赢"局面。

(一)给每一位员工都建立"自主薪酬账户",对劳动价值进行"每日核算"

要配合企业自身的战略发展目标,企业应为每位员工建立一个"个人自主薪酬账户",即人单酬表,经营的结果直接落实到每个人身上,其宗旨是"我的用户我创造,我的增值我分享,我的薪酬我做主"。人单酬表的重点就是"单","单"不是内部自定的而是由市场竞争力决定的,而要有能力来承接这个单,最后产生的价值和薪酬联系在一起。很多企业过去只根据职务发放薪酬,但是人单酬完全没有这样的概念。在人单酬制度下,员工的

收入可能很高，也可能较低，但与职位高低无关，只和价值挂钩。

自主经营个人月度累计账户（抢单薪酬+积分薪酬+创新薪酬+荣誉薪酬）

项目	逻辑	定义	标准	1月	2月	3月	4月	5月	6月	7月	8月	9月	10月	11月	12月
一、上期余额结转	A	即为上期账户余额		0	0	0									0
二、提成收入	B=C+D+E														
1	C														
2	D														
3	E														
三、成本（损失）	F=G+H+I														
1	G														
2	H														
3	I														
四、收入可发金额	J=A+B-F														
五、当月账户提现	K														
六、账户期末余额	L=J-K			0	0	0									0

备注说明：
1. A为上期余额结转，初期为0。
2. B为当月各专项抢单收入及创新、荣誉、小红旗等的积收累计。
3. F为当月收入减少部分，例如内部索赔或纪检等收入减少。
4. J为A+B-F即为当月可利润发金额。
5. K为当月提现，因考虑到个人税率问题，允许个人选择在月度或年度提现。
6. L为账户期末余额，收入可发金额减去当月提现金额即为账户期末余额。

图 4-4 自主经营个人月度累计账户示意

（二）客户价值与薪酬挂钩——为片区经理设置"大客户二维服务价值表"

任何企业的价值体系不外乎两条，创造价值和传递价值。传统时代，这两条都没有做好。麻江县供电局正在形成一个使创造价值、传递价值协调一致的体系和机制。把片区经理和大客户连在一起，把传统的串联流程变成了并联流程，每一个并联节点都能为用户创造价值，每个节点在为用户创造价值过程中实现自身的价值。

这个协调一致的体系在机制上取消了全世界大多数企业都在用的KPI考核，创新了纵横匹配的两维点阵表。横轴是客户价值，刻度分为高增长、高回款率和高满意度，以及片区经理的高收入。重要的是纵轴，刻度依次是预期用户交互情况，即与客户的互动情况；预期用户价值实现情况，即直接的业务收入情况；预期片区经理发展情况，即片区经理的孵化情况。

曾加劲说，这种尝试，是把以片区经理为代表的优秀骨干，都变成网络的节点，不是扁平化，而是网络化，驱动力主要就是薪酬。每一个节点都可以连接网络上的所有资源，员工在麻江县供电局的平台上自组织、自驱动、自运行。

诺贝尔经济学奖得主哈特教授在《企业合同与财务结构》中提出"不完全契约理论"，指出了委托代理激励机制不可能把每个人的激励都一一和价值对应起来。但林江华认为，每一个片区经理都面对着不确定性，但是可以自己找到市场，并整合资源去解决这个不确定性的要素。公司的所有问题都集中到高层，自上而下决策，只能解决一致性问题，不能解决不确定性问题。只要能孵化出更多的片区经理，未来这个模式就可以推广到更多的岗位上去。

实施新的薪酬考核模式以来，从微观上看是给了员工一份加薪计划，给了企业一套改善业绩的方案；从宏观上看，是实现了员工利益与企业效益高度黏合，实现了目标一致、利益趋同，最大限度地实现了共享共治的企业治理目标。

麻江县供电局的共享制薪酬分配模式打破了传统企业的薪酬分配方式，员工不再是上班一杯茶、一份报，月底一份"死"工资的现状。

共享共治薪酬分配模式在一定层面上改变了以往各部门"自扫门前雪"，仅仅只关注和重视本部门任务完成，而全局的总体任务是否完成与本部门无关的现象。本部门兑现的薪酬稳定了基层干部员工的基础收入，以此体现同舟共济、共同发展的管理目标，凸显了各部门的工作能力、工作水平和工作绩效,体现了主动作为、主动工作的管理导向,拓宽了考核激励范畴,激发了各单位的增比进位和创新意识。

表 4-3 大客户二维服务价值表

横轴 \ 纵轴	时间拐点一				时间拐点二				时间拐点三				时间拐点四			
	预期售电量	预期回款额	预期满意度	预期薪酬	预期售电量	预期回款额	预期满意度	预期薪酬	预期售电量	预期回款额	预期满意度	预期薪酬	预期售电量	预期回款额	预期满意度	预期薪酬
预期用户交互情况																
预期用户价值实现情况																
预期片区经理发展情况																

同时,在供电局职能部门层面上,实现在稳定员工基本收入的前提下,让员工不仅关注本科室任务目标,更关注全局的任务目标,增强了职

工的大局意识、忧患意识，真正形成同舟共济、上下齐心的态势；落实了部门责任、部门价值、共享部门团队成果的协作思想；有效激发了科室内部主动作为和承担工作的能动性，变"自上而下"的安排工作为"自下而上"的申报，实现了多干多得、少干少得、不干不得的管理目标；体现了主动作为、主动工作的思维，最终实现多抢多得、少抢少得、不抢不得，鼓励能者多劳、多劳就能多得；营造了人人主动创新、个个奋勇争先的发展氛围。

这种共享共治薪酬分配模式实现了组织层面"大河有水，小河满"，员工层面"小河有水，大河满"的"双赢"局面。

（三）决胜在一线——班组绩效管理的要点

对任何一个企业而言，经济效益的产生都来源于生产力的付出，而一个企业生产力最直接的来源则是班组。电力行业绩效变革计划的最终目的就是要实现企业的"战略落地"，而实现最终目的的管理模式就是以绩效变革为主框架的班组管理模式。

1. 班组绩效管理目的及原则

通过建立班组绩效管理体系，帮助员工提升自身能力，提高工作效率，激励员工优质多劳，获得物质和精神上的回报，提高员工积极性，从而实现企业与员工的共同发展。

一般而言，班组绩效管理应遵循以下原则：

公平公开：工作计分标准对班员公开，严格按照计分标准进行统计；

客观公正：根据相关工作记录确定工作数量和质量；

科学合理：充分考虑工作难易程度的差别以及不同员工工作性质；

自主管理：班组内工作绩效记录统计由班组成员共同承担。

2. 班员的绩效管理

一线员工工作内容单一，工作比较具体，分工比较明确，对于一线员工的绩效管理，可通过对员工工作数量、工作总体水平的衡量确定员工的绩效奖励工资。因此，对班员工作绩效进行评估时，既要考虑工作数量，又要考虑工作质量。对工作数量的评估，可以采取"工时工分"评估法，这一方法能够激励一线基层员工从事高技能、高风险和高责任工作的积极性。工作数量的评估如图4-5所示。

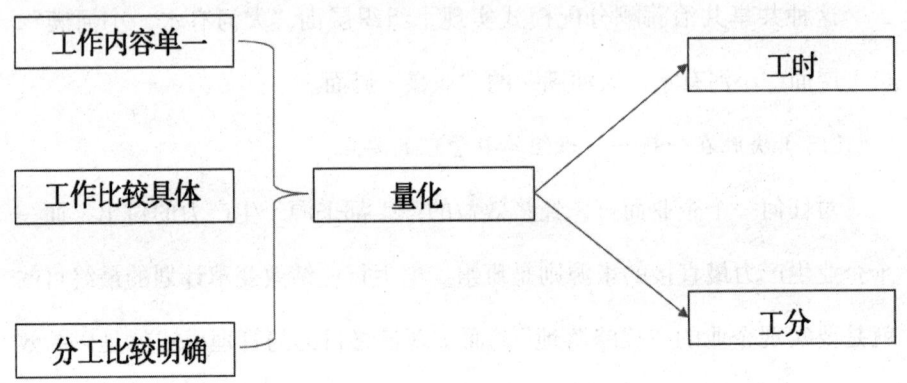

图4-5 工作数量的评估图示

其中，工作数量用于衡量员工相对工作量的大小，确定员工应得绩效奖励工资；绩效合同衡量员工工作总体水平，确定员工实得绩效奖励工资。班组绩效管理如图4-6所示。

（1）工作数量确定方法。根据班组工作特点及班员分工情况来确定衡量工作数量的办法。通常而言，衡量员工的工作数量有两种方法：工时和工分。工时是对实际出勤的时数或实际工作用时进行计分，其适用范围为工作发生频率相对固定，各时段之间（如一个工作日）工作量大小相等，工作时间可以有效衡量工作量大小的情况。工分是根据其完成某项工作项目的重要、复杂程度和承担责任风险的不同进行记分，其适用范围为工作发生有随机性，各时段之间工作量差别很大，工作时间难以衡量工作量大小的情况。

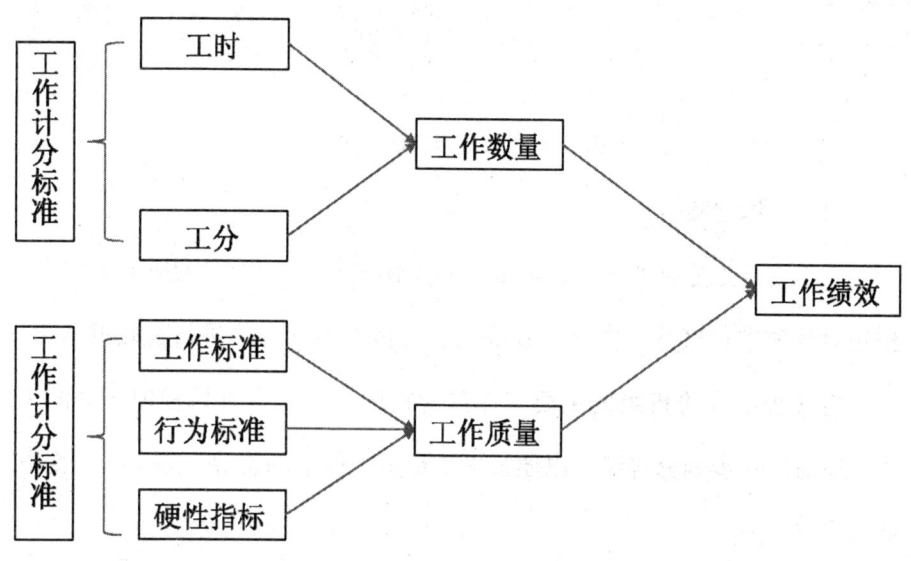

图 4-6 班组绩效管理图示

·确定计分方法：根据班组工作特点，选取合适的计分方法。

·确定计分标准：对于实行工时制的班组，确定基本计分单位，如以工作日为基本单位；对于实行工分制的班组，明确每项工作内各等级相对分值，形成工作定额表，通常按项目整体计分。

·工作数量记录：日常工作中，以工作日志的形式对员工的工作数量予以记录，必须包含工作内容(含等级)、工作参与人员、工作时间等内容；对于参与角色有明显区别、特殊的工作情况予以记录。

·工作数量统计：月底根据工作日志统计每位员工的工作数量。班员绩效管理流程如图 4-7 所示。

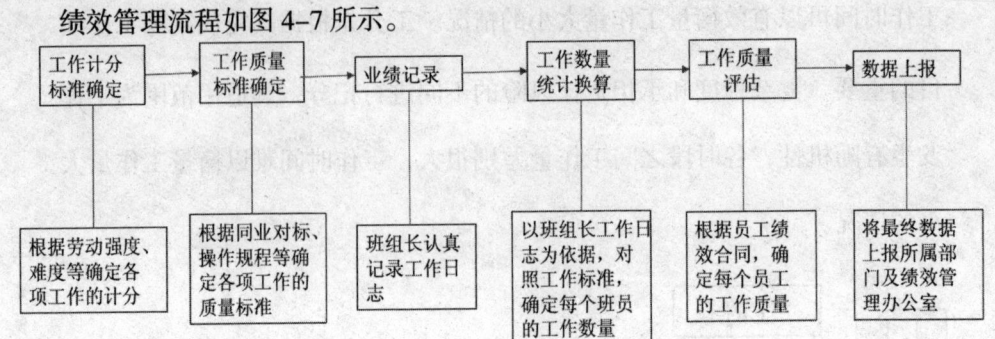

图 4-7 班员绩效管理流程图

（2）工作定额表

对于实行工分制的班组，需要编制工作定额表，以此对班组内各项工作相对价值进行区分、衡量，其确定的分值是不同工作进行比较的依据。工作定额表中应将班组的主要工作包含在内，对于有难易程度区分的工作，还需进一步划分等级，以便公平衡量员工创造的价值。表 4-4 为变电站工作定额表。

表 4-4 变电站工作定额表

工作内容	等级	标准	备注
倒闸操作	不使用操作票操作	10 分/次	
	10 项以下	18 分/次	
	10 项（含 10 项）以上 30 项以下	36 分/次	
	30 项（含 30 项）以上	72 分/次	
办理工作许可证	一种票	16 分/份	
	二种票	8 分/份	
事故处理	—	18 分/次	
值班	—	40 分/人·天	
上级指令性任务或其他工作	—	分值待定	

实行工时制的班组：根据实际工作时间确定工时，若为两名或两名

以上人员同时参与的工作，则各自按实际工作时数计算工时，对于辅助人员，可按实际工作时间的一定百分比例计算工时。此类班组主要有调度班。

实行工分制的班组：对照工作定额表确定参与人员的分值，若为两名或两名以上人员同时参与的项目，则所有参与人员平均分配该项目的分值；辅助人员不参与分配项目分值，而按辅助工作的标准确定分值。此类班组主要有线路运行班、变电检修班、变电站、计量班、抄表收费班、带电检修班、电力110班。

（3）工作质量衡量

通过对工作质量进行衡量以区分员工工作成果的好坏，对工作质量的约定，通常有时间、成本、质量几个方面的目标要求。

一般通过制定绩效合同，对员工承担工作的时间、成本、质量方面的标准进行约定，以衡量员工总体工作水平。虽然并未针对每项工作逐一制定目标要求，但由于员工工作项目相对单一，且工作数量较大，其工作标准在合约中所占权重较大，因此，总体而言，绩效合同能够衡量员工工作的总体水平。

3. 班组长的绩效管理

班组长既是班组工作任务的分配者，也是某些具体工作的承担者，还是班组员工绩效的评估者，如图4-8所示。班组工作性质不同，班组长充当的角色也有所差别，具体而言，主要有以下两类。

（1）班组人员分工不固定的班组：班组长是工作任务的分配者，班长业绩主要与班组业绩挂钩,副班长业绩与班组业绩、个人业绩挂钩,各占一定比例。此类班组主要有变电检修班、带电检修班、电力110班。

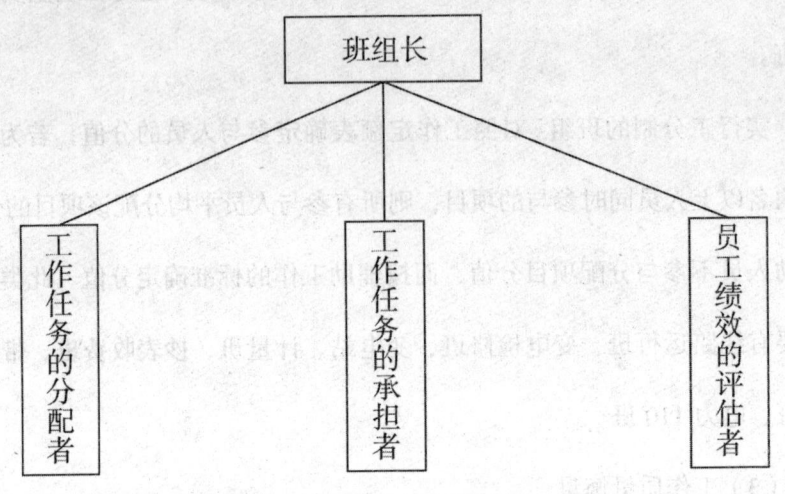

图4-8 班组长角色的特殊性

(2)班组人员分工相对固定的班组:班组长与班员间的工作差别不大,班组长业绩由个人业绩和班组业绩共同决定,各占一定比例;副班长业绩由班组业绩和个人业绩决定,其中班组业绩所占比例较班组长有所降低。此类班组主要有线路运行班、变电站、抄表收费班、计量班。

4. 绩效实施与辅导

班组生产任务紧,且具有较大灵活性,在对班组的绩效管理过程中,需结合生产情况,采取多种形式进行辅导。

(1)辅导形式。班组长或工作负责人需根据员工的技能水平提供有针对性的辅导。一般而言,辅导形式主要有以下几种。

一是具体指示型辅导:给予那些知识技能比较缺乏的员工一些关于具体怎样完成任务的指示,然后一步步传授完成任务的技能,并跟踪员工的执行情况。

二是方向引导型辅导：员工基本能掌握完成任务的知识技能，但有时候会遇到一些无法处理的特殊情况，或者员工掌握了具体的操作方法，但需要班组长进行方向性的引导。

三是鼓励型辅导：对于具有完善知识技能的人员，班组长的辅导不必介入具体的细节，只需给予鼓励和适当的建议，使员工充分发挥自己的创造力。

（2）辅导类别。一是现场作业指导：根据员工工作情况，适时给予辅导，帮助员工达成业绩。二是非正式绩效面谈：与员工进行单独面谈，了解员工业绩情况，帮助员工分析业绩不佳的原因，共同寻找解决办法。三是正式绩效辅导：充分利用各类班组会议，传达相关政策，传授相关知识，总体分析班组业绩情况。四是正式绩效面谈：在绩效评估结束后，班组长与员工进行一对一正式面谈。

（3）下属培养。班组长是基层管理人员，承担着培养下属的责任，班组长需结合班员特点实施有针对性的培训，并以此作为班组长晋升的依据。

第三节 自主经营的支撑体系

一、提升心性的价值观考核

价值观考核按季度实行通关制,即大家应该首先做到较低分数的条款,然后进阶至较高级的条款。依此原则,如果做不到低分数要求的条款则没有机会进阶。这个制度体现了对员工的更高要求和对员工进行优先级的排列。

打分规则:

1. 每一条若只做到部分,可评 0.5 分;

2. 如要扣分,需对员工有依据地当面说明;

3. 0.5 分(含)以下,或 3 分(含)以上,需要上级主管书面说明事例;

4. 如果对评分不确定,请遵循"ONE OVER ONE PLUS HR"模式。所谓"ONE OVER ONE PLUS HR"模式,是由员工的直接上级与间接上级和一位 HR 人员一同根据行为导向的阐释对员工的价值观进行考核。员工业务上的考核只占 50%,另外 50% 就是针对价值观的考核。这样的考核模式,一方面显示了麻江县供电局对价值观的重视,另一方面也在客观上帮助麻江县供电局塑造了一支价值观高度统一的团队。

价值观考核的注意点:

1.价值观的推广是全方位的，深入招聘、培训、人员选拔、绩效考核、文化建设活动等人力资源管理的各个领域；

2.经理们对员工进行价值观考核时必须摒弃"工具"的概念，深刻理解价值观纳入绩效考核的目的，对员工行为进行深入细致的观察及客观公正的判断，既不放任自流，也不吹毛求疵，以达到公司推广价值观的真正目的；

3.价值观只有符合不符合，没有好与不好。

麻江县供电局价值观考核的内容，是在南方电网总纲的指导下进行的行为规范细化，具体包括：客户第一、团队合作、拥抱变化、诚信、激情、敬业。

第一项：客户第一

1分：尊重他人，随时随地维护麻江县供电局形象。

2分：微笑面对投诉和受到的委屈，积极主动地在工作中为客户解决问题。

3分：与客户交流过程中，即使不是自己的责任，也不推诿。

4分：站在客户的立场思考问题，在坚持原则的基础上，最终使客户和公司都满意。

5分：具有超前服务意识，防患于未然。

下面我们来看看对"客户第一"的不同分数等级的解释。

1分：尊重他人，随时随地维护麻江供电局形象。这里的关键含义是"尊重""维护"。尊重他人的意思是无论对方职位高低，工种几何，均应该平等对待、欣赏和感谢。即便自己很忙，或彼此有冲突，不喜欢对方时，也应该表现出应有的礼貌，有修养，不伤害他人。以维护公司形象为己任，任何不遵守社会公德、不被社会认可的行为都会损害公司形象和员工作为一个好公民的形象，公司的员工都不应该作出那些行为。

2分：微笑面对投诉和受到的委屈，积极主动地在工作中为客户解决问题。其关键含义在于理解客户的抱怨，在受到委屈的情况下，要心胸宽广，以为客户解决问题为导向，而不是受到一些委屈，便不把客户需求放在心上，反而抱怨或表现脆弱。

3分：与客户交流过程中，即使不是自己的责任，也不推诿。关键含义是注重客户的感受。发生了问题，即使不是你的责任，也不可以在客户面前推到其他人身上，以保证客户的良好感受，使客户在有需求的时候能找到你解决问题。即使这件事不是你的责任，但是客户不清楚其间的安排，此时你也应该帮助客户寻找到正确的渠道和资源。在分工不太明确的情况下，如果能够协调将客户的问题解决，则必须解决，不能借故推托，要有主人翁的意识。

4分：站在客户的立场思考问题，在坚持原则的基础上，最终使客户和公司都满意。关键含义在于管理客户期望值，做到客户公司都满意。在客户的要求合理的情况下，应满足客户要求；如果一个客户的要求影响到另外客户的利益，应通过有效的沟通协调获得客户的理解；客户的要求不合理，应晓之以理。

5分：具有超前服务意识，防患于未然。关键词在于预测和超前。反映出计划和规划工作时的超前意识，对客户需求有深刻的理解。

第二项：团队合作

1分：积极融入团队，乐于接受同事的帮助，配合团队完成工作。

2分：决策前积极发表建设性意见，充分参与团队讨论；决策后，无论个人是否有异议，必须从言行上完全予以支持。

3分：积极主动分享业务知识和经验，主动给予同事必要的帮助，善于利于团队的力量解决问题和困难。

4分：善于与不同类型的同事合作，不将个人喜好带入工作，充分体现"对事不对人"的原则。

5分：有主人翁意识，积极正面地影响团队，改善团队士气和氛围。

团队合作不仅仅是积极参与团队建设的活动、对同事礼貌，更重要的是理解团队成员，能够通过良好的沟通达到优先级的协同。如本部门合作良好，跨团队合作时本位主义严重，那也是失败的。团队合作的逻辑思路是从积极融入，认同同事（乐于接受同事的帮助），参与团队讨论，主动帮助团队成员，与各种类型同事合作，到能够影响团队的氛围，从易至难，难度不断增加。

下面我们来看看对"团队合作"的不同分数等级的解释。

1分：积极融入团队，乐于接受同事的帮助，配合团队完成工作。关键点是积极融入，接受同事帮助，并配合团队。不符合的案例，如与团队隔离，不喜欢参与团队的活动或讨论；遇到困难时，不喜欢寻求同事的帮助；同事主动提供帮助时，不喜欢接受，造成不好的结果。

2分：决策前积极发表建设性意见，充分参与团队讨论；决策后，无论个人是否有异议，必须从言行上完全予以支持。关键点是充分参与决策前的讨论，决策后即便不赞同也坚决执行。如有一些人内向，提不出意见，但是决策时表态且坚决执行，也是符合的。

3分：积极主动分享业务知识和经验，主动给予同事必要的帮助，善于利用团队的力量解决问题和困难。关键点在于分享，提供帮助，利用团队力量解决问题。符合的案例，比如某员工在公司活动中，虽然不是自己的职责，但主动给活动负责人提出很多建议，帮助负责人顺利完成任务，主动分享自己的经验，给予同事必要的帮助。

4分：善于和不同类型的同事合作，不将个人喜好带入工作，充分体现"对事不对人"的原则。与相似的同事合作得心应手是很正常的，但还应能够与不同风格、性格，不同意见的同事沟通顺畅，做事不亲疏有别，以做正确的事情和公司的政策为依据。

5分：有主人翁意识，积极正面地影响团队，改善团队士气和氛围。关键点在于影响和改善。比如，直销团队的一名普通员工，从正面带动新人，培养新人，并且自己的业绩表现也不错，给新人树立了不错的榜样。同时主动培养团队，传授经验，把乐观的氛围带给了整个团队。

第三项：拥抱变化

1分：适应公司的日常变化，不抱怨。

2分：面对变化，理性对待，充分沟通，诚意配合。

3分：对变化产生的困难和挫折，能自我调整，并正面影响和带动同事。

4分：在工作中有前瞻意识，能建立新方法、新思路。

5分：创造变化，并带来绩效的突破性的提升。

更换办公座位，更换经理，调换部门，调换岗位或较大的异地调动，从手工作业到使用计算机系统，公司战略性变化造成的公司重组等皆属于变化的范畴。

被动地接受变化最基本的是不抱怨，能够诚意配合，然后是能影响和带动同事；不抱怨并非遇到问题不能讲出来，而是要选择正确的渠道去反映，不在团队里一味地抱怨，这对解决问题没有帮助，反而使团队气氛变得不好。

对"拥抱变化"的不同分数等级的解释如下。

1分：适应公司的日常变化，不抱怨。符合的案例，如对公司日常的变化，包括搬家、搬食堂、一些较小的政策的变化等，员工不随意抱怨，尤其在不了解具体情况的时候。正确的方法应该是将问题反映给主管、经理或直接负责的部门，甚至是直接负责的部门领导，并将自己的建议说出来。

2分：面对变化，理性对待，充分沟通，诚意配合。当变化带给自己影响的时候不高兴，闹情绪，但还是能够理性沟通，了解变化的原因，正确处理对自己的影响，并配合公司完成变化。不符合的案例，比如，某试用期员工因为公司业务需要被调整，对转岗后的工作内容不满意，业绩变差，失去信心。

3分：对变化产生的困难和挫折，能自我调整，并正面影响和带动同事。有些变化确实会给人带来不舒适等困难，关键是如何对待。能够用正面的心态面对变化，找到自我调整的办法，同时能影响和带动其他同事是本条的关键含义。

4分：在工作中有前瞻意识，能建立新方法、新思路。不拘泥于以前成功的经验，不拘泥于以前的工作方法，愿意打破舒适度，推陈出新。

5分：创造变化，并带来绩效的突破性的提升。关键词在于绩效的突破性提升。

第四项：诚信

1分：诚实正直，表里如一。

2分：通过正确的渠道和流程，准确表达自己的观点；表达批评意见的同时能提出相应建议，直言有讳。

3分：不传播未经证实的消息，不背后不负责任地议论事和人，并能对此进行正面引导，对于任何意见和反馈"有则改之，无则加勉"。

4分：勇于承认错误，敢于承担责任，并及时改正。

5分：对损害公司利益的不诚信行为能正确有效地制止。

诚信所包含的意义非常广泛，从为人正直、不说谎，到正确反映问题，提出建设性意见；不传播谣言议论同事；勇于承认错误，承担风险与责任；勇于指出纠正别人侵害公司的行为。

在公司工作，诚信的最低要求是不说谎，诚实，为人正直。

诚信打不到2分不意味着员工不诚实，其原因往往是反映问题没有通过正确的渠道，或者给同事提出意见时伤害同事，不能做到直言有讳。

对"诚信"的不同分数等级的解释如下。

1分：诚实正直，表里如一。不符合的案例，如撒谎。自己的工作推给他人，还不诚实，硬说大多数是自己干的；考试作弊；当面一套，背后一套，言行不一致，如"这是我老板决定的，我没办法"。

2分：通过正确的渠道和流程，准确表达自己的观点；表达批评意见的同时能提出相应建议，直言有讳。关键点在于正确的渠道，准确表达，批评意见加上建议，直言时做到不伤害同事。

3分：不传播未经证实的消息，不背后不负责任地议论事和人，并能对此进行正面引导；对于任何意见和反馈"有则改之，无则加勉"。虽然未传播谣言，但听到时不能正确引导，也要扣半分；听到批评意见时心态不好，做不到"有则改之，无则加勉"也不能得满1分。

4分：勇于承认错误，敢于承担责任，并及时改正。这里主要强调的是在犯了错误后敢于承担责任。如果大错不犯，小错不断，每次只是认错态度很好，是不能得分的，同时也要不犯重复的错误，不犯低级的错误，不故意犯错误。这是与鼓励创新相匹配的。创新的过程，肯定会犯错误，但要提供机会，鼓励员工尝试。

5分：对损害公司利益的不诚信行为能正确有效地制止。关键点在于，有效制止或给出建议；普通员工制止的同时有建议，可以得5分。

第五项：激情

1分：喜欢自己的工作，认同公司企业文化。

2分：热爱公司，顾全大局，不计较个人得失。

3分：以积极乐观的心态面对日常工作，碰到困难和挫折的时候永不放弃，不断自我激励，努力提升业绩。

4分：始终以乐观主义的精神和必胜的信念影响并带动同事和团队。

5分：不断设定更高的目标，今天的最好表现是明天的最低要求。

真正的激情是热爱、可持续、积累，愿意为之付出；今天的最好表现是明天的最低要求。激情在遇到困难和挫折时更能体现，几十年如一日地做一件事情且永不放弃，每天都像第一天上班一样有激情。有些年轻人的激情来得快，去得也快，遇到困难就放弃，这不是真正的激情。

对"激情"的不同分数等级的解释如下。

1分：喜欢自己的工作，认同公司企业文化。喜欢自己的工作，不抱怨，愿意在点滴之中发现改进点。公司文化中有很多独特的地方，如积极融入团队、直言有讳、对事不对人、今天的最好表现是明天的最低要求……也许完全做到需要时间，但要认同这些行为的准则。不符合案例，如对待工作态度消极，面对明明知道的问题不去解决；对公司文化抱怨较多，不认同。

2分：热爱公司，顾全大局，不计较个人得失。出于对公司事业的考虑，放弃个人的得失，增强公司的执行力。不符合案例，如与KPI没关系的事情，即便是对公司和工作有利，也不愿意做。

3分：以积极乐观的心态面对日常工作，碰到困难和挫折的时候永不放弃，不断自我激励，努力提升业绩。面对日常工作，即使烦琐、重复，也不厌倦，不好高骛远，不这山望着那山高。遇到难题时，不轻易放弃，能够做到自我激励。不符合案例，如业绩低迷的时候，容易放弃自己的目标，对预测不够坚定，容易情绪低迷；虽然不放弃，但业绩没提升只能得2.5分。

4分：始终以乐观主义的精神和必胜的信念影响并带动同事和团队。关键在于不但自己持续乐观，还能对团队氛围和同事有所影响。符合的案例，如一个员工在业绩低迷时期没有放弃目标，而是坚持完成，激励团队，树立团队信心，带领团队突破新高，并且个人感染力强，在团队中爱讲笑话，能活跃团队的气氛。

5分：不断设定更高的目标，今天的最好表现是明天的最低要求。本条所涵盖的是持续追求更好表现和更高业绩的雄心。如公司从100万元收入到100万元利润，再到100万元税收，体现出不断递进的目标。

第六项：敬业

1分：今天的事不推到明天，上班时间只做与工作有关的事情。

2分：遵循必要的工作流程，没有因工作失职而造成的重复错误。

3分：持续学习，自我完善，做事情以结果为导向。

4分：能根据轻重缓急来正确安排工作优先级，做正确的事。

5分：遵循但不拘泥于工作流程，化繁为简，用较小的投入获得较大的工作成果。

敬业的含义是尊重热爱自己的工作，才能不断地钻研。勤奋未必让你成功，但是不勤奋一定不会成功。

敬业不是简单的加班加点，而是一种将工作当作事业，不断追求专业、精益求精的过程。我们为不懈的努力而鼓掌，但是要按结果付薪。按时下班是应该的，不按时下班也是应该的，但工作没完成是不应该的。老黄牛式的加班加点却没有结果和业绩，不是公司所倡导的。如果能通过不断提高的专业能力，不需要加班又有业绩，是最理想的状态。

对"敬业"的不同分数等级的解释如下

1分：今天的事不推到明天，上班时间只做与工作有关的事情。正确的态度是，必须今天做完的决不能推到明天，能够今天做完的也决不推到明天。

2分：遵循必要的工作流程，没有因工作失职而造成的重复错误。关键含义有两个方面，一是做事情要遵循正确的流程；二是不犯重复的错误。

3分：持续学习，自我完善，做事情以结果为导向。关键含义是不断学习及结果导向。不符合案例，如主动学习的能力不强，对于重复出现的问题改正的幅度不大；主管授权后不跟踪，不以结果为导向。

4分：能根据轻重缓急来正确安排工作优先级，做正确的事。做正确的事情的重要性远远超过正确地做事。每个员工都应该明白，每一天必须完成的目标是什么，为了保证目标的完成应该怎样做和计划，不要等到最后1分钟才发现需要的资源都没有，无法达成目标。

5分：遵循但不拘泥于工作流程，化繁为简，用较小的投入获得较大的工作成果。关键词是不拘泥，以较小的投入获得较大的工作成果。在清楚了解流程制定依据的背景和原因的情况下，能够突破流程的规定，更重要的是较小的投入获得较大的工作成果。

绩效考核结果的应用：加薪、奖金、晋升、培训发展的机会、岗位轮换的机会等。

二、积分B分模式

一个网状结构的互联网是没有中心节点的，它不是一个层级结构，虽然不同的点有不同的权重，但没有一个点是绝对的权威。所以去中心化、分布式等是它的内在精神，让平等、公平、专业成为常态。反观电力企业，在极力靠近这种民主、开放、平等模式的过程中，需要一个支点来"撬动"，那就是积分B分。

林江华：麻江县供电局的积分制管理，早在2013年就开始试行。积分管理，简单地说，就是用积分（奖分和扣分）对人的能力和综合表现进行全方位量化考核，并用软件记录和永久性使用。通常人们所说的积分制管理，是指把积分用于对客户的管理。我们今天所讲的积分制管理，是指把积分制度用于对员工的管理。企业以积分来衡量人的自我价值，反映和考核人的综合表现，然后把各种福利及物资待遇与积分挂钩，积分高的员工可以得到更多的福利待遇，甚至解决将来的归属，从而达到激励人的主观能动性，充分调动人的积极性的目的。

（一）积分管理有哪几种

麻江县供电局推进的积分管理是一种特殊的激励机制，有A分和B分两种。A分为物质分，如本章所讲的"6211模式"为代表的绩效薪酬模式，一般与员工工资、奖金直接挂钩，包括全勤奖、优秀员工奖、工龄奖等；B分为积分，是整个积分管理模式的核心，它与员工的福利、精神奖励、其他奖励有关，包括全勤分、优秀员工分、工龄分等奖分。

A分在当月工资奖金发放后即失去作用，B分将终身有效。B分累积至一定标准后，可以享受各种不同形式的待遇。通过B分排名，公司可给予员工丰富的多元化激励。

在B分排名中，可分为累计排名和阶段排名。累计排名是指该员工入职开始累计的B分总分，该分不清零，主要是开始积分到员工离职；阶段排名是指该员工从某一个时间段开始累计，到某一个时间段结束的B分总分，该分清零，主要是季度排名、年度排名。

获取B分一般分为三种方式。

·固定式奖分方式

例如，工龄分、学历提升、职位晋升、获得专业能力证书、荣誉证书等。

·临时性奖分方式

例如，全勤分、个人特长分、技术分、优秀员工分、好人好事分、节约资源分。

·项目式奖分方式

例如，活动主持人分、场务服务人员分、策划人分、裁判员分。

（二）获得积分奖励的主要原则

1.捧着一份心来，企业需要诚信和贡献

马克思主义认识论认为，人是生产力中最积极、最活跃的因素，也是生产力中唯一具有能动性、创造性的主体因素，再好的管理和再好的制度，也需要人来执行和运作。

予人玫瑰，手有余香。诚信和奉献应该是电力行业孜孜探寻且执着追求的精神。员工想要获得积分奖励,就要讲诚信、做贡献。这不光是作为员工工作方法、工作态度的表现,还代表着企业中人与人、部门与部门之间的文化环境的塑造。员工的诚信与奉献,有利于企业营造诚信经营的气氛,是与客户建立诚信服务体系的前提,也是使客户理解、支持、配合供电局各项经营与管理活动的重要桥梁。

2. 只有主动,才会有"故事"

要想获得积分奖励,就要主动为企业付出。"海阔凭鱼跃,天高任鸟飞",要主动去熟悉企业的一切,包括目标、使命、岗位职责、销售方式、经营方针等。

工作表现要积极。积极就意味着主动,称职的员工应该在工作表现上做到以下"五个主动:(1)主动发现问题;(2)主动思考问题;(3)主动解决问题;(4)主动承担责任;(5)主动承担分外之事。可以毫不夸张地说,做到五个主动是职场员工获得高职高薪的五大法宝。

工作态度要积极。积极的工作态度意味着面对工作中遇到的问题,要积极想办法解决问题,而不是千方百计找借口。成功激励大师陈安之说:"成功和借口永远不会住在同一个屋檐下。"遇到问题习惯找借口的人永远不会成功。

工作信念要积极。对工作要有强烈的自信心,相信自己的能力和价值,肯定自己。只有抱着积极信念工作的人,才会充分挖掘自己的潜能,为自己赢得更多的发展机遇。

3. 参与、创新、创造,不做无名小卒

科技时代瞬息万变,企业发展需要创新源源地不断输送活力。不管是从行业技术层面、企业管理层面,还是其他层面,企业要想保持活力,其根源是需要创新创业人才在企业内部施展抱负,实现创新行为。

黑格尔说过:"要是没有热情,世界上任何伟大事业都不会成功。"所有个人行为的动力,都要通过头脑转变为愿望,最后才能付诸行动。员工若要获得参与感、创新能力和创造能力,就要有对一切充满好奇的心理,并且在工作中找到自己的兴趣所在,然后自觉地、主动地去观察它、思考它、探索它,最大限度发挥主观能动性。

(三)强化能力管理——这是积分管理的起点及核心

麻江县供电局为实现员工与企业"双赢"这个目标,积极鼓励企业员工"高认高配",预算模式由"自上而下下达预算"转变为"自下而上认购预算",以唤醒员工的工作活力,并将考核结果与员工个人职业发展生涯相结合,根据员工职业生命周期模型理论,建立人才发展体系,用职位体系明晰员工职业发展的路径,不同职系、不同等级的设置为员工的成长提供了条件,从而激发员工学习与成长的主动性与热情,增强了员工与企业的黏性。

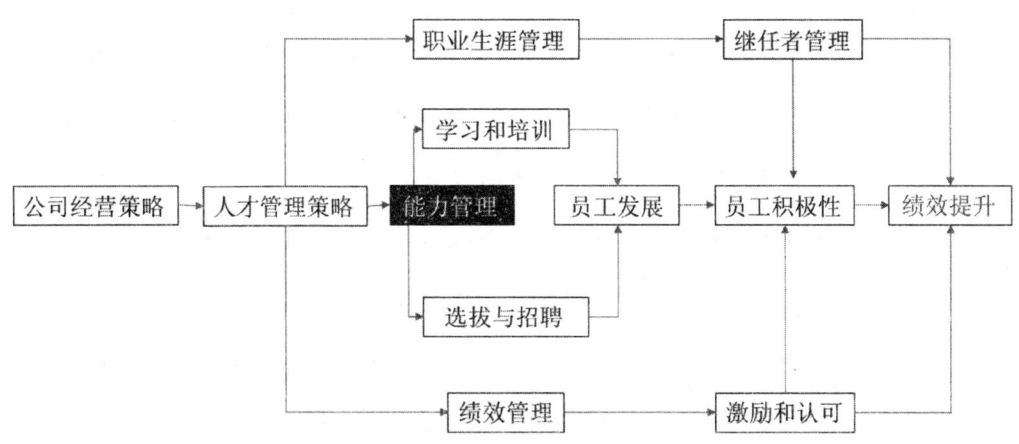

图 4-9 麻江县供电局能力管理图示

麻江县供电局帮助员工在不同发展阶段进行有侧重点的职业发展规

划，建设了麻江县供电局的人才梯队和人才库。

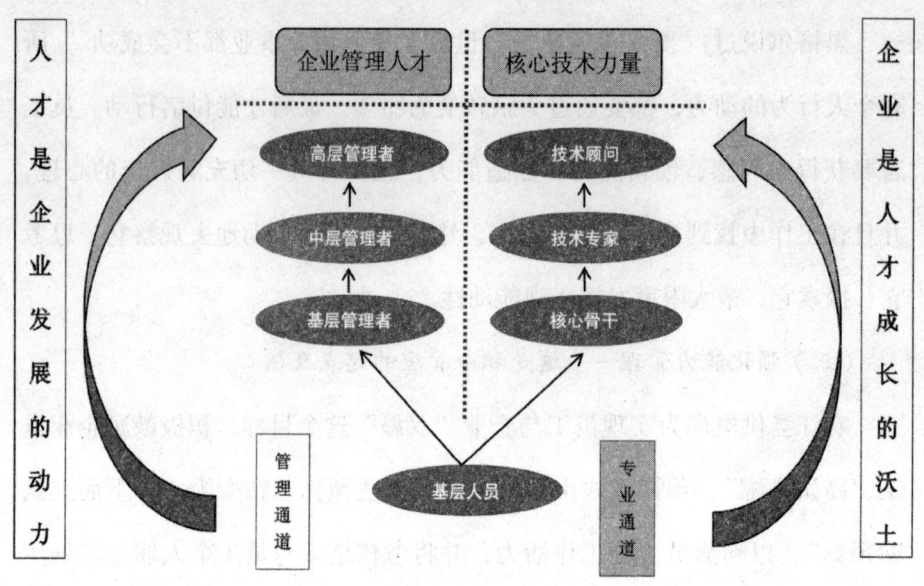

图 4-10 绩效结果与员工职业发展路径结合

以下是供电所所长杨锦涛在参加南方电网班组文化建设成果交流会议上的真实感言，可以作为供电所开展绩效管理前后的一个鲜明对比。

今天借助这个平台，我也谈一下自己内心的真实感受。曾经，我在广州打过很长一段时间的工，以前每次路过南网大楼时，内心都充满了羡慕和向往，后来我终于有幸成为一名南网员工。今天，能够作为一名基层供电所所长站在这里向大家分享一些个人感受，我深感一切来之不易。但是，在麻江县供电局没有实施绩效积分管理时，由于我自己更擅长解决技术问题，对复杂的人际关系心存畏惧，在担任供电所所长期间，经常不能按期完成部门工作任务，下面员工也不理解我，简直就是风箱里的老鼠，两头受气。在当时老的管理模式下，我也多次萌发了离职下海的打算。但自从开始实施绩效积分管理以后，我只要按照"对事不对人，对指标不对事"的原则公平、公正、公开地抓好业务管理就行了,避免了大量的人事关系的处理,现在感觉比以前轻松了许多:人员好安排了,工作有着落了,指标有改进了。我这个所长也是越当越轻松、越干越起劲了!

本章小结:

1. 麻江县供电局"抢单机制":"抢单"是企业内部虚拟市场化的实践方式,"共享抢单机制"虚实互动,砍掉隔热层,让用户和员工之间的联系更加直接与快捷。在新零售时代下,麻江县供电局也变被动为主动"抢占市场",用户和员工都进行了"最优选择"。

2. 麻江县供电局"薪酬划块":企业的精确管理需要有效引导资源配置。麻江县供电局从企业最基本的单元开始,推进内部市场化。薪酬的划块是为统筹协调,突出重点。划小的理念也是经营理念和思想观念的革新。

3. 麻江县供电局"积分B分":作为对员工精神激励的形式,B分是用来间接奖励员工的劳动付出,引导企业的文化建设的。予人玫瑰,手有余香。虽然B分不直接与工资挂钩,但是对员工的激励却比工资还直观。价值观与B分的考核也是麻江县供电局自主薪酬形成的重要节点。

第五章 ▶▶▶

精益管理,形成业绩改善的良性循环

本章内容提示

为了更快捷、更高效地确保效益的实现,供电企业需要导入精益管理模式。麻江县供电局运用精益管理和六西格玛管理工具,进行企业的经营分析,不断检查经营执行情况,不断改善执行出现的问题,不断挑战新的经营高度。

◈ 活学活用:精益管理理念的应用
◈ 麻江县供电局用"六西格玛"管理技术
◈ 麻江县供电局精益改善的创新思路

第一节 活学活用：精益管理理念的应用

导入故事：丰田精益生产方式的启示

精益管理起源于丰田模式。持续改进直至彻底杜绝浪费一直都是丰田公司最基本的思想。20世纪初代表着流水作业的大批量生产和大量销售的福特生产方式，是大工业时代的经典经营方式。而丰田汽车的创始人很早就认识到了其危险性，以准时和精确为追求，以最大限度地减少浪费为手段，通过30多年的不断积累和改进，丰田生产方式取得了辉煌的成绩。美英管理学家们称其为"Lean Thinking"，在国内多被翻译为"精益思想"或"精益管理"。"lean"的本义为节俭、精简，从其思想的本质看，其并非强调"生产和管理要细而又细"，不存在泛泛的"细节决定成败"的观念，相反，它认为没有明确地注重细节就是浪费，注重无效的细节或不恰当地提高标准，正是"精益管理"生产方式要千方百计革除的对象。

丰田生产方式强调的是"简单且直接有效"，"生产和管理要准"。其内在逻辑很简单：只有"精准"才能杜绝浪费。例如,"三及时"原则要求在流水线上组装汽车的过程中,零件能在需要的时间内不多不少地被送到,从而控制过量剩存、过量原材料存储、等待时间过长等浪费。精益思想的内涵应该是有目的地"追求更加精确",而非无端地"要求更加精细"。

在浩瀚的历史长河中,为了将分散的人、财、物组织起来,并使其相互配合,有序运转,在不脱离控制和约束的前提下和谐地完成目标或规划,企业的管理者需要不断地尝试、摸索、实践和改善,找到正确的方法和工具,才能使企业的管理模式枝繁叶茂。在这个过程中,往往可能出现头痛医头、脚痛医脚,甚至是病急乱投医的忙乱后果。在一次次的变革和模式的更迭中,最终才能找到一个合适的精益管理的方法。

一、追根溯源:精益管理的哲学思想

(一)无为而无不为

企业的管理要求要不断取消那些不能产生价值的工作岗位。因此,我们可以认为精益是一种减少浪费的哲学,但减少浪费的哲学并不等于精益哲学。真正的精益哲学是零的哲学。

老子说,"无为而治""无为而无不为"。这才是真正的精益哲学。当然,无为而治的"无为"是不妄为、不随意而为、不违道而为,是零浪费的为。同理,孙子说,"百战百胜,非善之善者也;不战而屈人之兵,善之善者也"。这是零损失的胜。

其实,精益哲学就是一种智慧,一种返璞归真的智慧,它存在于远古时代的原始社会,亦体现在科学高度发达的现代社会。从有碳到低碳再到无碳也是一种精益哲学的体现。

虽然精益管理可以在短期内取得显著效果，但精益没有止境，加上竞争环境的不断变化，中国经济增长放缓，企业必须坚持"持续改善"。实践精益，没有捷径，一切都要靠企业自己的团队学习和实践。例如麻江县供电局会根据时局和情况的变化而完成业务指导书的更新整理，并且根据操作流程、操作频率、应用表单、系统应用的具体流程以及核心业务的关键管控节点和具体考评标准，正在进行更为优公版本的整理。这都说明了，精益管理并不是一种速成的经营哲学，而是持续性、长久性的。

1. 与短期绩效相比，员工成长更重要

精益崇尚"以人为本"的思想，强调"对人的尊重"，"重视人的作用"及"追求自主管理"，具有典型的东方色彩。东方的"以人为本"和西方的"以人为本"既有共性也有差异。共性在于都强调对人的尊重。差异在于西方的"以人为本"，重点是员工权利的主张，以及自由环境和氛围的保障；而东方的"以人为本"，主要表现在注重员工个人成长，即员工意识和能力的提升，并把企业的竞争力与每个员工的意识能力提升联系起来。企业最大的浪费是员工智慧的浪费，讲的就是这个道理。

真正优秀的企业，主张把员工成长放在第一位，而把追求短期绩效提升放在相对次要的位置上。在具体管理实践中，他们对那种基于"精准数字"的绩效考核和奖惩制度不以为然，而把绩效考核的重点放在向员工提示改善方向上，促进员工努力向上。很多企业曾经对"绩效考核"比较热衷，并热切期望通过考核快速提升管理绩效，主要原因在于这种"美式管理"看上去见效快，简单易行，管理者也感觉相对轻松。而以员工意识能力提升为中心的员工成长战略和人力资源开发，比单纯以绩效考核为中心的管理模式要艰难得多。它要求企业管理者有尊重人、关怀人的博大胸怀，有企业上下是一个共同体的认知和境界，以及"传道、授业、解惑"的素养和能力。企业还要为员工"意识和能力"的不断提升创造良好的组织条件（晋级制度）和施展舞台（各类改善成果发表机制），引导他们自主学习、自发行动和自我超越。

帮助员工成长，主要应该从三个方面着手：一是通过"教育"升级员工的态度、人格和心智；二是通过"培训"丰富员工的知识、工具和方法；三是通过"训练"增进员工的经验、意识和能力。而引导员工积极参与精益改善，可以同时收获教育、培训和训练的多重价值，是帮助员工成长的最佳路径。

应该说，帮助员工成长是一个艰难和循序渐进的过程，需要企业管理者有足够的耐心。但只要制造型企业间的竞争存在一天，那么中国企业就无法跳开这种艰难和缓慢。

2. 与事后管理相比，预防管理更有效

预防哲学是精益管理的核心理念之一，再有效的事后管理，都比不上事前的预防管理。

为了说明预防管理的重要性，人们常常喜欢引用扁鹊三兄弟的故事来警示管理者。话说，扁鹊三兄弟都精通医术，其中大哥医术最高，二哥次之，扁鹊第三，但偏偏扁鹊最出名。原因是，大哥治病总是预防为主，也就是"治未病"，人们很少在意他的功劳；二哥是治小病的高手，但人们认为治小病是医生的本分，没什么了不起；只有扁鹊敢治大病，时有药到病除的佳绩，所以名声在外。

尽管预防管理在电力行业是一种常态，但在具体行动上却很容易走偏，甚至背道而驰。企业往往是不仅执念于或忙于事后管理，而且对公司内的"扁鹊"大加赞赏，对"扁鹊"的"大哥"和"二哥"不屑一顾。这样做的后果是严重的，人们习惯于花时间应付层出不穷的问题，好比在"灭火大赛"中优秀者脱颖而出，而防微杜渐的事情却少有人关注，更没有人潜心研究。在我们辅导客户做精益管理的时候，不少企业领导就认为，花钱请老师就是来解决大问题的，动员员工解决小问题意义不大。这样的认知水平，是缺乏最起码的哲学思辨能力的表现。

预防管理，需要从两个方面予以正确理解。

一方面，越是在发生问题的源头进行管理或改善，失败成本越小，管理效果越好。比如产品质量问题，在市场上被客户投诉所造成的质量损失最为惨重；而在产品出货或生产过程中发现问题则质量损失会小些；在原材料供应商处发现问题，那质量损失会更小；如果能在设计环节采取有效对策（防错设计），那就根本不会产生不良损失。又比如，订单交付问题也是如此，越是临近订单交付后期发现的问题，补救起来越难，造成的损失也越大。

另一方面，小问题解决或改善得越多，越是能防范大问题的发生。有一个著名的"海恩法则"，大意是：300个小问题不及时解决，会导致29个事故隐患，29个事故隐患不及时消除，终究会引发一次大的事故。意思是大问题通常是由小问题累积而成的，正确的认识应该是，用一杯水可以浇灭的火苗要及时浇灭，决不能任其发展到只有用消防车才能扑灭的程度。比如，设备停机故障往往都不是偶然发生的，是由诸如振动、锈蚀、发热、松弛、灰尘等微小缺陷不断累积而成的，要消除设备停机故障，唯有从消除各类微小缺陷开始。安全管理也是如此，细节不做好，安全隐患不除，很难保证不出大的安全事故。

精益管理主张全员参与，目的就在于发动全体员工从解决自己身边的小问题，消除身边的小缺陷开始做起，以预防为主，持续改善，并最终达成不断提升企业管理水平的宏大目标。

（二）己所不欲勿施于人

没有什么比一个管理者不能平等对待员工更糟糕的事了。有的人成了管理者就认为自己和员工不是一类人了，他们总是有意无意地显露出自己比员工优越和高明的意识。企业不能指望这样的人带好员工，带出优秀的团队。

人们通常都有过高看待自己的倾向，管理者是这样，员工亦然。管理者自认为高明，员工却未必同意。管理者必须平等对待员工，才能为员工所接受。有的领导背后被员工说三道四，不能获得员工的尊重，就是因为他没有以平等的态度对待员工，没有尊重员工。

1. 平等对待员工，给予员工尊重和信任

平等对待员工应该牢记"己所不欲，勿施于人"这句话。这句话出自《论语》，按照孔子的思想，要成为一个仁人君子，要从实行忠恕之道入手。

忠道就是"己欲立而立人，己欲达而达人"，恕道就是"己所不欲，勿施于人"。忠恕之道强调设身处地为他人着想，推己及人，由近及远，宽厚待人，仁爱待人。

如果企业一项做法强加于管理者身上，管理者会感觉不公平、不公正，感到自尊心受到伤害，那怎么能指望受到一样对待的员工因此而改正错误，把工作做得更好？更何况如果这一做法不妥，必然还会对其他人产生消极影响。对人的管理需要细腻对待，一不小心就会出差错，达不到预期的效果，甚至起到相反的作用。

2. 管理的合理化，有赖于管理的人性化

在企业管理上，制度化是管理的起点，不可没有制度。但是制度必须不断发展，一方面要有理论依据，另一方面要配合现实。管理的"情、法、理"，强调员工在"崇法务实"之外，仍需发扬"不执着"的精神，随时随地机动调整管理制度及方法，以求"不固而中"即方法不固定，却一定要命中目标。

合乎人性的管理，才是合理的管理。"情"表示管理人性化，管理者一切凭良心，便能合乎天理。将心比心，用"己所不欲，勿施于人"的态度来建立、修订和推行所有的管理制度，即是"克己复礼为仁"的表现。

古时，法律只是治理国家的辅助工具，礼居于主导地位，法律的制定，是不能违背礼教精神的。法律的推行，主要依赖外在的权力。维系礼的效力，有赖于传统的习惯和经验。所以员工在遇到利益时，先为他人着想，再为自己着想，以求团体的纪律和团队精神的增强。所以以"将心比心"的态度来建立制度，也是十分必要的。

二、以"问题发现与解决"为主导的精益实践

2016年，南方电网提出导入"消除浪费、创造价值、持续改善、精益求精"的精益理念，以目标和问题为导向，运用全面标杆管理和全员自主改善两个载体，向科技要效率、向管理要效益，不断提升发展质量和投入产出效率，实现企业效益最优、价值最大化，精益管理成为每位员工日常工作的必然要求和自觉行动。

回顾麻江县供电局近几年的绩效做法，不难发现麻江模式一直在实践"精益"的本质。林江华常说一句话：没有科学的标准，哪有规范、精细的管理？怎么能有效地确定目标与绩效？麻江县供电局内部流传着这样一段话：

> 如果你不能量化它，你就不能了解它。
>
> 如果你不能了解它，你就不能控制它。
>
> 如果你不能控制它，你就不能改善它。
>
> 如果你不能改善它，你就不能提高它。

丰田生产方式中的绩效管理模式是便于理解且相对容易实现的，而且成本较低，这是一种以对组织和人的评价激励为切入点，以清晰的激励机制为主导的管理方法。麻江县供电局"以问题改进为核心定义积分"，"问题所在即积分所在"，以问题为导向设计积分指标，围绕问题的解决设定积分指标，通过完成积分指标达到解决问题、改进绩效的机制，与丰田生产方式中定义的消除八种浪费（生产过剩、等待、搬运、过度加工、过量库存、不平衡、次品、员工创造力未得到利用）本质上异曲同工，丰田生产方式中针对"浪费"问题的解决，也可以理解为以问题为导向的积分考核的方法。麻江绩效模式中持续系统的积分体系理念与丰田追求可动率（TPM）也是基本吻合的。

若从精益管理的角度来看，员工的绩效积分从哪里来？

若借鉴丰田生产方式定义的"消除浪费"理念，消除浪费的过程，就是设定积分、解决问题的过程。（以下案例引自麻江县供电局内部培训资料，见图5-1、图5-2、图5-3）

在图示中，可以借鉴丰田生产方式确定"浪费"的程度，找出造成"浪费"的原因。

* 新设备是指实现了绝缘化、无油化、组合化的设备，老设备指未实现绝缘化、无油化、组合化的设备，老设备变电站将于2016年下半年完成设备改造。

第五章 精益管理：形成业绩改善的良性循环

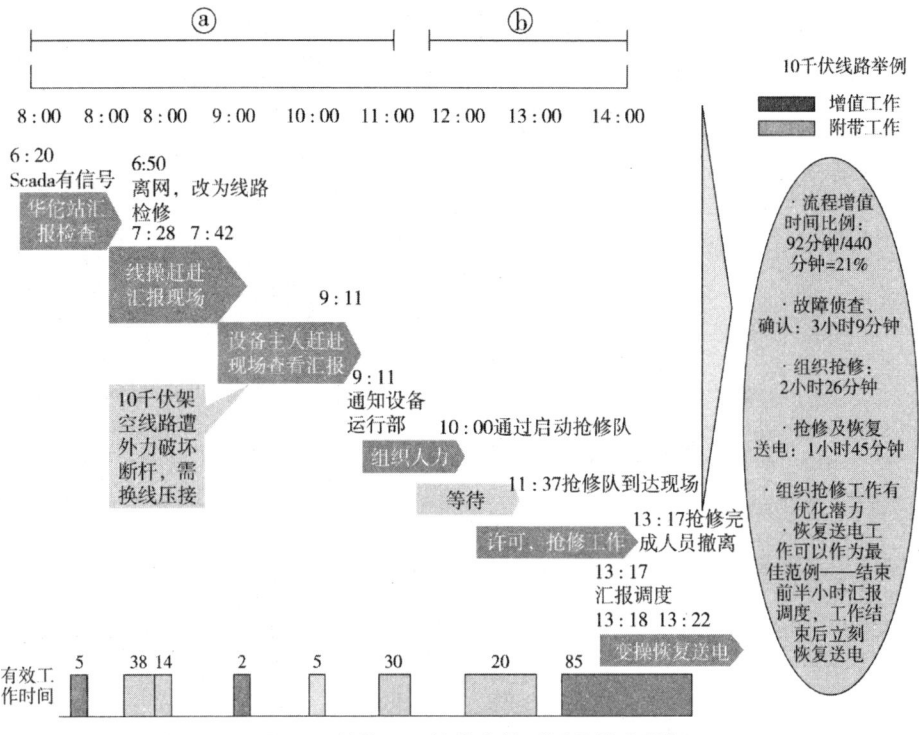

图 5-1 等待——抢修中的"活儿等人做"

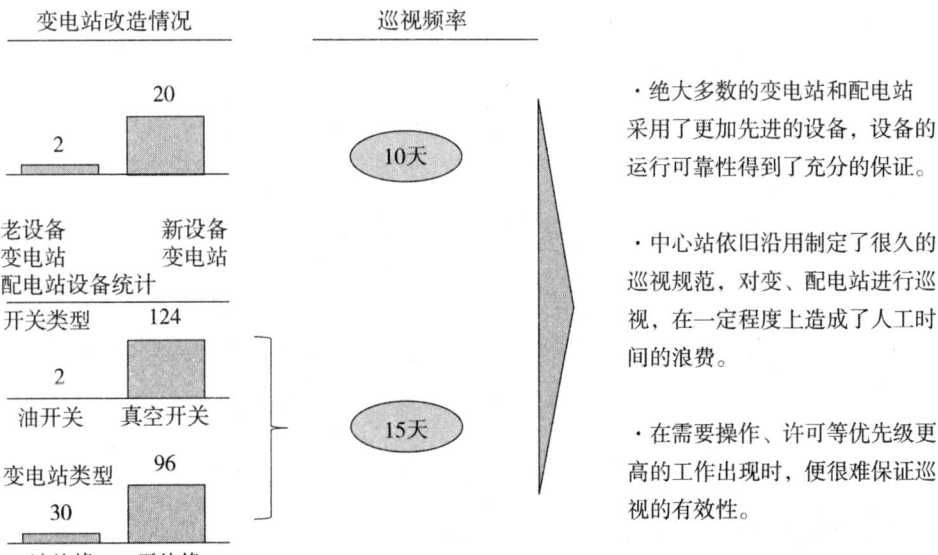

图 5-2 过度加工——频繁巡视高质量设备

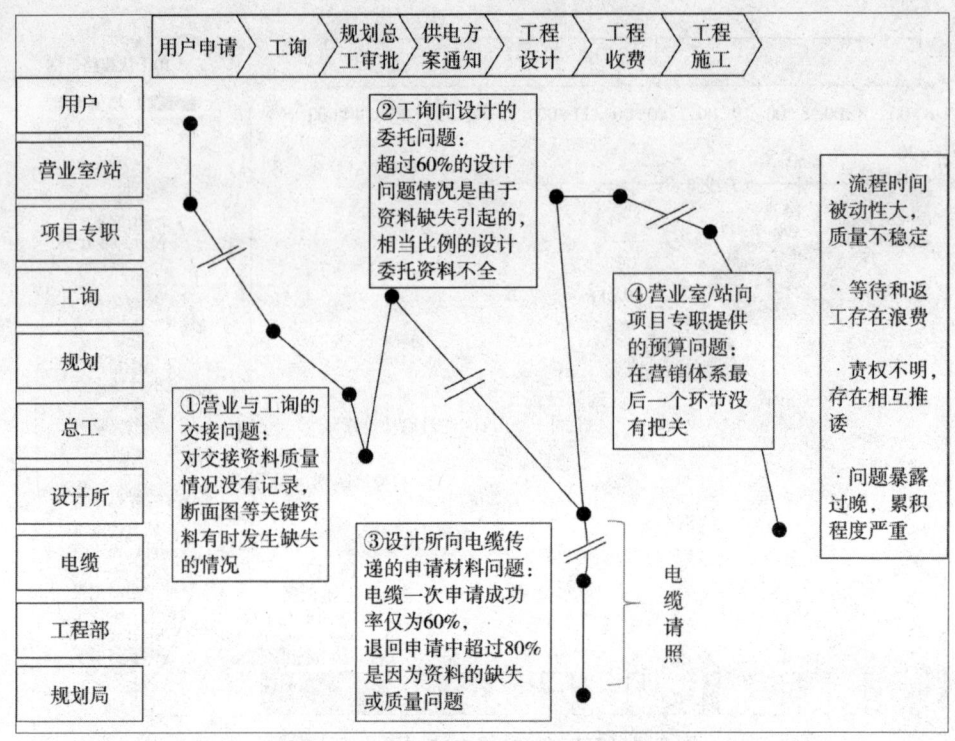

图 5-3 不良——业扩流程多次返工

确定"浪费"的原因后,商定改进目标从而完成绩效指标的定义。

三、绩效改善系统为麻江县供电局保驾护航

前述以问题为导向的绩效改进和改进型绩效指标的设计方法,主要针对问题比较零散、缺乏规律性、具有偶发性的情况,比较适用于支持部门。而对于典型业务部门和职能部门,其绩效目标和问题往往具有规律性,因此可以采用多种管理理论、工具和方法,建立持续的提升绩效的体系(问题或改进方向),确定绩效指标。所谓持续的绩效提升系统,是指在一定时间内,不改变指标内容,通过不断提高 KPI 的目标标准,达到持续系统地提升绩效的目的。

每一种优秀的管理模式，都有其精神和思想层面的深度。当时，丰田的创始人丰田喜一郎面对第二次世界大战留给日本的一片废墟，个人内心激起了强烈的民族主义和爱国主义激情，他因此立下了超越欧美的决心，这个伟大的使命在丰田生产方式，或者说精益思想中的重要性是无法代替的。在这个精神的引领和支撑下，丰田喜一郎朴素的准时思想、"现场、现物"主义和实践第一的思想、质实刚健思想，以及在实践中对丰田生产方式不断总结改进的领袖人物大野耐一决不妥协的执着精神、彻底的完美主义精神、不断创新的精神，为丰田50多年来的持续改进提供了不竭的原动力。显然，倘若忽略精神原动力，仅仅从技术和方法层面研究和模仿，是没有实际意义的。任何绩效管理成功的企业，一定存在某种持续改进的原动力。

丰田的生产方式，是基于以上精神和思想，按照准时制和彻底杜绝浪费的基本构想，在实践中质实刚健地去落实和改进，从而形成方法体系。准时制就是从原材料到零部件、从产品到销售店再到客户手中，均能按照预计的时间和数量完成。彻底杜绝浪费就是杜绝生产过剩、等待、不必要的运输、过度加工、过量库存、次品、人力资源浪费等八种浪费。不难看出，麻江绩效模式中的业务树、月度人均有效工时、5W1H、PDCA等具体方法的形成，也是围绕简单质朴的构想，从实现需要的角度逐渐产生和完善的，并非因崇拜某种理论和管理体系，而去系统设计或引进，而是彻底在市场和客户需求的引领下积累产生的，均源于追求和实现准时制和杜绝浪费的基本构想。

丰田生产方式有着明确的使命和价值观，麻江模式有着质朴的管理诉求——如何让员工感受到工作的意义？

林江华：员工能够感受到工作意义的反映，是带着自豪感进行工作，能准确对自己的工作目的，价值和成果作出判断。而这种自豪感是源自于自我能力的不断提升与突破，自我成长的感觉始终贯穿于职业生涯。所以，管理者需要谨记：第一，个人、集体的工作目的和责任，是任何人都能判断的透明化形式；第二，一个人完成工作是理想的，但是一个人完成不了的情况，将由团队来完成；第三，团队在明确其责任和权限的前提下，自主进行细节上的改善。

第二节 麻江县供电局巧用"六西格玛"管理技术

导入故事:"懒蚂蚁效应"与零距离新装(供稿:曾加劲)

"懒蚂蚁效应":日本北海道大学进化生物研究小组对三个分别由 30 只蚂蚁组成的黑蚁群的活动进行观察。结果发现,大部分蚂蚁都很勤快地寻找、搬运食物,少数蚂蚁却整日无所事事、东张西望。人们把这些少数蚂蚁叫作"懒蚂蚁"。 有趣的是,当生物学家在这些"懒蚂蚁"身上做上标记,并且断绝蚁群的食物来源时,那些平时工作很勤快的蚂蚁表现得一筹莫展,而"懒蚂蚁"们则"挺身而出",带领众蚂蚁向它们早已侦察到的新的食物源转移。原来"懒蚂蚁"们把大部分时间都花在了"侦察"和"研究"上了。它们能观察到组织的薄弱之处,同时保持对新食物的探索状态,从而保证群体不断有新的食物来源。在蚁群和企业中,"懒蚂蚁"很重要,此现象被称为"懒蚂蚁效应"。

自创先工作开展以来,麻江县供电局在规范化管理工作上做好大量的基础工作,围绕"PDCA"管控模式,结合自身业务特点，深度理解各管理要素，提出了"零距离新装"业务要求，以此拓展，形成了"计划驱动、任务执行、工作评价、持续提升"的闭环管控模式，取得了很好的成效。

县局规范化的基础在供电所，而大部分乡镇供电所由于受服务范围、电网架构、装备水平、业务内容、人员构成等的客观因素影响，业务特点基本可概括为"事后、应急"型，无法做到"计划、主动"型。其中，零散居民新装业务就是一个典型。而"零距离新装"业务的推行，应用统筹思想，最大限度地增强工作计划性，从而有效节约了"往返路程时间"，有力地解决了这一难题。

表 5-1

管控内容	前	后	改进成效
P	随机、零散，无法作计划	有业务统计表，形成工作库	计划完成度、可执行度提高
D	单件触发	统筹执行	业务统筹度高
C	事后，偶发	嵌入业务流程	业务质量提升大
A	补救式、不可控	可分析、可控	

一、麻江模式奠定实施"六西格玛"的基础

西格玛（Sigma）即希腊字母"σ"的译音，在统计学上指标准差，"六西格玛"意为"6倍标准差"，在质量上表示每百万件产品的不良品率少于3.4件。在整个产品流程中，六西格玛是指每百万个机会当中有多少缺陷或失误，这些缺陷或失误包括产品本身以及产品生产的流程、包装、运输、交货期、系统故障、不可抗力等。六西格玛管理要求企业在整个流

程中每百万个机会中的缺陷品少于3.4个。六西格玛管理并不仅仅局限于产品质量管理，而是一整套系统企业管理理论和实践方法，对于供电企业而言，在控制线损、提升客户满意度等方面，有着积极的借鉴意义。

（一）六西格玛管理的一般流程和方法

目前，业界对六西格玛管理的实施方法还没有统一的标准，以摩托罗拉公司为例，通常采用"七步骤法"。

1. 找问题。把要改善的问题找出来，目标锁定后便召集有关员工并使之成为改善的主力；同时选出领导，作为改善责任人，然后制定时间表跟进。

2. 研究现时生产方法。收集现时生产方法的相关数据，并作整理。

3. 找出各种原因。组织有经验的员工，利用头脑风暴法、帕累托图和鱼骨图，找出每一个可能发生问题的原因。

4. 计划及制定解决方法。组织有经验的员工和技术人才，通过各种检验方法，找出解决方法；当方法设计完成后，便立即实行。

5. 检查结果。通过数据收集、分析、检查其解决方法是否有效，以及能达到什么效果。

6. 把有效方法制度化。当方法证明有效后，便制定为工作守则，要求员工必须遵守。

7. 检讨成效并发展新目标。当以上问题解决后，总结其成效，并制订解决其他问题的方案。

（二）六西格玛管理的执行成员

六西格玛管理的一大特色是要创建一个实施组织，以确保企业提高绩效活动具备必需的资源。一般情况下，六西格玛管理的执行成员组成如下。

倡导者：由企业内的高级管理层人员组成，通常由总裁、副总裁组成，他们大多数为兼职六西格玛管理人员。一般会设一两位副总裁全面负责六西格玛管理的推行，决定"该做什么"，确保按时、按质完成既定的财务目标，管理、领导大黑带和黑带。

大黑带：与倡导者一起协调六西格玛项目的选择和培训，该职位为全职六西格玛管理人员。其主要工作为培训黑带和绿带，理顺人员，组织和协调项目、会议、培训，收集和整理信息，执行和实现由倡导者提出的工作。

黑带：是企业中全面推行六西格玛管理的中坚力量，负责具体执行和推广六西格玛管理，并负责培训绿带。一般情况下，一名黑带一年要培训100名绿带。该职位也为全职六西格玛管理人员。

绿带：为兼职六西格玛管理人员，是公司内部推行六西格玛管理的执行者。他们侧重于六西格玛管理在日常工作中的应用，通常为公司各基层部门的负责人。六西格玛管理占其工作的比重可视实际情况而定。

（三）六西格玛管理与丰田生产方式的区别

两者相比存在以下区别。

1. 涉及面不同

丰田生产方式在企业经营管理领域应用更加广泛，对管理原则、实践、工具、技术等更加全面的体系，均深入地浸润；六西格玛管理则更为专注，多采用针对项目的评估方式介入企业的经营管理。丰田生产方式的精益专家、QC小组等是自发形成的专家和团队，分布更加广泛；而六西格玛管理的项目小组和专职人员均为专门配备和专业培训的结果。

2. 切入点不同

丰田生产方式主要以解决浪费为切入点，专注于解决浪费（使用的资源超过了用以满足客户需求的量），找到其根本原因，并加以彻底解决；六西格玛管理以控制波动为切入点，针对任何与"标准/目标规格的偏差"存在的波动，包括生产过程（线损波动）、服务过程（满意度波动）、商务过程等。

3. 领导介入的程度和方式不同

丰田生产方式和六西格玛管理的成功，均立足于企业领导的高度重视和深度介入，但两者介入的程度和方式是有区别的。丰田生产方式领导的介入更加深入、全面，很大程度上是企业家精神（丰田喜一郎、大野耐一）的成功，从企业家的"以天下为己任"和员工的"以公司为家、全员参与"，可以看出其典型的以东方文化和儒家文化为特征的企业文化，其成功是由"人治"为起点，以"人治＋法制"为发展方向。而六西格玛管理体系中，领导者的高度重视主要体现在专业的培训和资格认证、明确的考评评价和激励晋升机制上，是靠规则来推动的体系。

六西格玛管理与丰田生产方式除实现精确管理这个共同目标外，也存在其他相同点。一是均主张对根本原因的分析和探究；二是均逐步形成了相对专业的方法、标准的程序和分析工具，尤其在分析工具方面，有很多相通甚至是相同的地方。

对于供电企业而言，影响实施六西格玛管理和丰田生产方式应用的首要原因在于各级企业负责人。现行体制决定了国有企业中几乎不可能存在像丰田那样,一辈子专注于某件事情的企业负责人。即使企业领导者的任期足够长,在以资源和发展为导向的现实情况下,其注意力也必然要放在向外部争取政治和经济资源上,赋予内部管理的注意力注定有限。而主要领导者对内部注意力的逐级传递,构成企业内部实施管理变革的原动力。因此,现阶段这类企业很难实施六西格玛管理或丰田生产方式,而对于逐渐壮大的民族企业,企业家首先必须面对的是发展环境问题,机会与挑战的不确定性、尖锐的生存压力,也造成其几乎没有可能考虑长远的事情。

二、麻江县供电局为绩效"加杠杆"

根据美国质量协会(ASQ)的研究结果,六西格玛管理要求企业质量管理运作达到一个相当高的层次,假如一个产品的合格率只有85%,就不必用六西格玛管理,此时可用比六西格玛管理更简单的办法,将85%提高到95%即可。由于上述原因,在相当长的一段时期内,在中国企业中,六西格玛管理和丰田生产方式还不具备全面应用的条件。而麻江县供电局把它作为一种导入信念、习惯的有效方法,以评价和激励变革为切入点,以相对简单、直接、低成本、低要求的方式,为全面系统地应用六西格玛管理奠定了基础。

麻江县供电局逐步把问题分析与解决作为绩效管理的"杠杆",一方面用"杠杆"去撬动员工的积极性,另一方面同步进行业绩改善。

一是确立KPI项目管理制度,每个改进或提升KPI即为一个项目。以问题为核心的 KPI，着重借鉴丰田生产方式；以持续提升为核心的 KPI，着重借鉴六西格玛管理方式。在对信息的收集和分析的基础上，定义问题、测量问题、分析问题、改进问题、跟踪评估。

二是借鉴有关培训和晋升激励机制，实施直线经理培训，明确绩效经理人制度，借鉴黑带培训内容，解决确定绩效改善的关键问题。

黑带的工作流程可描述为 DMAIC：界定（define）、度量（measure）、分析（analyze）、改进（improve）和控制（control）。

√ 界定：确认谁是顾客，顾客对产品的要求是什么。顾客的期望是什么，界定项目范围、起点和终点。

√ 度量：确定缺陷和度量的类型，比较顾客调查结果，从而发现不足。

√ 分析：为改进分析收集数据和绘制流程图，确定造成缺陷的根本原因。

√ 改进：通过设计处理和预防问题的创新解决方案改进过程。

√ 控制：控制改进，保持新的水准。预防重走"老路"。

黑带的培训目的、方式及其工作机理，以及以黑带为核心和基础的内部职业通道设计，均可作为绩效管理中的直线经理培训。

三是借鉴有关领导力、授权、沟通等软管理理念，通过寻找 KPI 以及 KPI 评价会、绩效评价会制度，无形中训练了授权、沟通与反馈能力，激励和促进管理层的能力提升。

以下是一组应用六西格玛管理的相关技术确立 KPI 的案例。

案例：（针对质量波动）减少配电线路月度平均非计划停电次数

设置理由：供电局所辖 10 千伏配电线路 75 条，全长 1566.919 公里，由于变电站设备故障、天气变化、外力破坏、管理不善等原因造成的非计划停电比较频繁，由此引发的客户不满，配电线路事故时有发生。通过改进该指标，可提高供电可靠率，增加售电量；可减少因停电造成的客户投诉，提高客户满意度；可提升电网设备管理水平，保障电网安全、稳定运行；可优化内部管理，增强工作的可预见性和计划的刚性管理。

表 5-2 配电线路月度平均非计划停电次数因素分析

因素分类 \ 月平均次数 \ 年份	2015	2016	2017	合计
变电站设备故障	0.5	0.25	0.25	1
天气变化	6	8	8	22
外力破坏	0.5	1	0.5	2
管理不善	5	3	2	10
其他因素	1	0.5	1	2.5
合计	13	12.75	11.75	37.5

设备更新、维修资金短缺；民事问题引起的配电电路走廊安全隐患较多，树木障碍问题尤为突出，但处理难度较大；该工作是一项系统工程，涉及各个部门，组织协调难度大，同时"梳理职责—完善管理制度—严格考评"的难度大（主要涉及工作习惯的转变）。

预期目标：2017 年配电线路月度平均非计划停电次数降到 10 次以下。

工作思路：

技术措施：推广配电线路合成绝缘材料的应用，逐步实现配电线路复合绝缘化，导线采用绝缘线，进户线采用铜电缆，隔离开关采用复合材料，用户配电室所有暴露在外的带电体部分全部采用绝缘罩；对变电站保护设备的关键部分进行维护改造，加强变电站保护备品备件的管理，及时升级保护系统；完善配电设备防雷系统，定期校验、清扫避雷器；定期测量接地电阻；每年定期处理避雷针等防雷设备的鸟害等。

管理措施：加大配电线路走廊清障和线路清扫力度；明确配电线路走廊责任，加大宣传力度规范电力线路安全标示牌设置，提高群众对电力线路安全的认识，降低外力破坏的可能性。

加强配电线路日常巡视力度，推行线路巡视卡，严格责任制度；严格配电系统设备准入制度，提高配电设备试验水平，三无产品绝对不允许进入电网；建立健全停电管理制度，加强停电计划的刚性管理，深入分析线路非计划停电原因，找出规律，针对性提出解决措施，如雷雨季节防范停电方案、用电高峰防范停电方案。

案例：（针对不灵活性）降低客户平均等待时间

设置理由：客户等待时间偏差较大，高峰时段等待时间长。经上月抽样统计，高峰时段排队时间已经超过35分钟，客户抱怨比较多；前台员工的工作负荷不均，高峰时段压力大，对平均技能的要求提高，差错率有所上升。

预期目标：降低客户等待时间，平均等待时间降低到5分钟之内，最长等待时间控制在15分钟之内（见图5-4）。

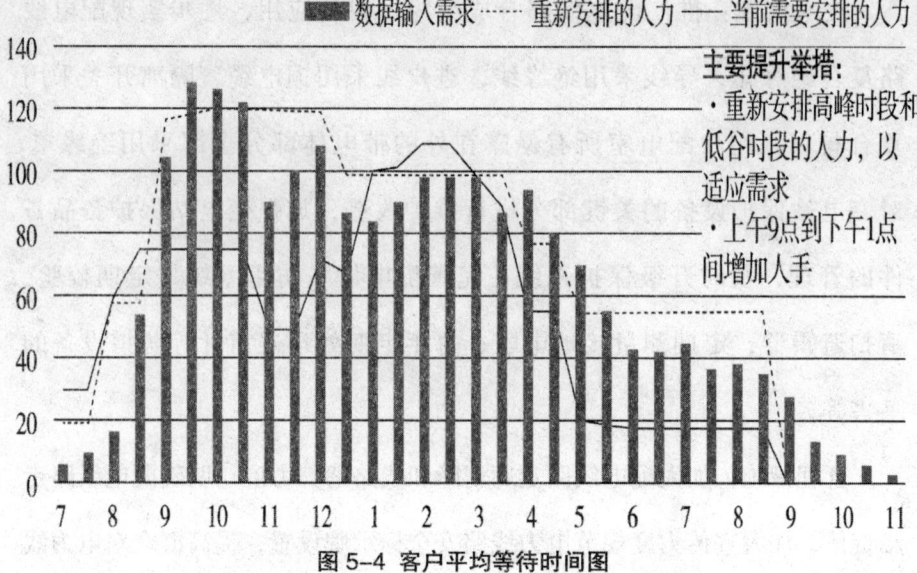

图 5-4 客户平均等待时间图

工作思路：经分析，问题的原因在于班次安排不合理，按照人数平均排班，窗口岗位与职能部门一样实行正常的 8 小时工作制，工作忙闲不均，缺乏灵活性，没有考虑服务需求的波动。改进的工作思路为：

1. 调整工作班次安排，在上一阶段统计数据的基础上，按小时排列班次，在自主申请的基础上，调整确立新的班次；

2. 高峰时段增设临时窗口；

3. 建立预警体系，安排机关相关人员作为后备服务梯队，当排队人数超过警戒线时，后备梯队介入前台；

4. 印发网上申报的宣传材料，引导客户更多地采用网上申报的形式。

案例：（针对多样性）减少设备缺陷次数

设置理由：变电缺陷发生次数多，且具有偶发性和毫无规律的特点，如表 5-3 所示。

表 5-3 近三年变电缺陷情况统计分析

年度	2014 年			2015 年			2016 年 1~9 月份		
变电缺陷次数	67			65			45		
	一类 5	二类 10	三类 52	一类 3	二类 7	三类 55	一类 2	二类 5	三类 38
被动发现次数	8（2）			5（1）			2（0）		
缺陷原因分析	原因 1：巡视人员责任心不强，工作积极性、主动性差，互相推诿责任。 原因 2：巡视标准不细致，没有具体到各站及每个设备运行单元。 原因 3：设备巡视资料不严密，各组织之间缺乏有效监督。 原因 4：缺乏必要的设备检测设备，如热成像仪、六氟化硫检漏仪等。								
备注	被动发现为非巡视发现的设备缺陷。 括号内为一类设备缺陷。								

预期目标：2017 年设备缺陷被动发现次数，一、二类缺陷为 0 次，三类缺陷为 1 次。

工作思路：

1.对全体运行人员进行业务知识、技术技能、新设备应用等方面的教育和培训，提高运行人员的业务素质。

2.按照现场运行规程要求，依据标准化作业巡视卡，搞好设备的巡视，特别要加强大风、雷雨等灾害性天气的特殊巡视，及时发现设备的异常运行状况，消除设备缺陷。

3.引进先进的检测设备，如红外线测温仪、热成像仪、六氟化硫检漏仪，及时准确掌握设备的运行状况，提高对设备缺陷的判别能力。

4.春、秋两季的集中停电检修，对设备健康状况进行摸底排查，做到心中有数，做好日常重点设备、重点部位的巡查。开展技术创新、技术改造，利用 QC 小组活动，配合有关部门和生产厂家，对各变电站封闭式开关柜温度进行检测监控，制定切实可行的技术改进措施。

5. 按标准化管理和岗位目标责任制的目标要求，对设备巡视过程中发生的不巡、漏巡行为给予严格考评。

三、麻江县供电局"精益管理+六西格玛"绩效效果

林江华在工作总结中写道：

一是心中有数了，以问题为导向的管理思路更加明晰。

通过部门职能的重新界定，业务管控树的不断梳理，特别是以问题发现和问题解决为导向的绩效分配办法的不断优化，为"提高工作统筹计划安排能力，夯实基础管理工作，提升规范化管理意识"等基本功夯实了基础，也大大提升了我们破解问题的能力，干部员工对工作更加心中有数了。有数的标准是什么呢？

一是这件事有标准吗？

二是标准正确吗？

三是员工了解并掌握标准吗？

四是员工不按标准操作，管理者知道吗？

二是工作简单了，以问题为对象的 PDCA 闭环管理效率明显提高。

一方面通过 MyWork 信息化工具的应用、绩效加杠杆管理手段的强化，加速了发现和处理问题的效率，PDCA 闭环管理循环周期加快，问题解决更简单了；另一方面通过岗位融合、绩效积分杠杆撬动、技能实操培训，实现了人员的综合应用，解决了问题无人过问，部门无人可用的难题，工作也因此变得简单了。

三是员工主动了，以发现和解决问题为积分来源的正能量氛围蔚然

成风。

通过公平公正公开的"积分制"绩效管理机制,解决了员工由"被动工作"到"主动工作"的核心问题。过去对待问题时常用的"踢皮球""装瞎子"等现象消失了,员工干与不干不一样,干好干坏不一样,干多干少不一样。员工从"等事干"转变为"找事干、争事干",工作更加主动了。

第三节 麻江县供电局精益改善的创新思路

早在 2014 年,麻江县供电局就开始了精益管理的实践探索。2015 年,由曾加劲副局长执笔、测算,在全局推行《麻江县供电局供电所定编测算思路及方法》,取得了显著成果。

一、《麻江县供电局供电所定编测算思路及方法》

供稿:曾加劲(副局长)

我局此次测算是以实际业务量为基础,结合管理创新思路、管理信息化平台、绩效积分管理、新设备及新技术应用等创先成果,最大限度统筹安排现有业务,按照"精算业务量"与"经验估算相关变量"相结合的原则,进行实际定编测算。

(一)基本概念引入

1. 业务管控树。对照《业务指导书》《作业指导书》要求,按"一级业务、二级业务、业务事项"梳理供电所核心业务,形成树状业务图。

2. 月度人均有效工时。以每人每月工作 21.75 天(约为 22 天),每天按 8 小时进行核算,每人每月的工时约为 176 个小时。

3.典型工时。按社会平均劳动时间概念（暂时不考虑工作本身的难度和贡献度，单纯以完成业务的工作时间为条件），针对每项业务事项，结合现有技术水平、实现手段、人员素质当量等有关因素，赋予"典型工时"。

4.路程往返时间。路程时间是基层单位的一个重要变量，根据工作区域和业务分布情况确定，是工时计算的重要依据。

5.任务包。以每人每天扣除路程时间后能完成的相同业务数量为一组，形成相应的任务包。例：根据核定的"抄一户居民户表"业务"典型工时"为2分钟，如某抄表人员在执行抄表任务过程中，需往返5小时路程时间，按每人每天8小时工作时间计，则当日有效工作时间为3小时，可抄户表90户，则可将"路程往返5小时，抄户表90户"作为一个任务包；如需往返2小时路程时间，其有效工作时间为6小时，可抄户表180户，则可将"路程往返2小时，抄户表180户"作为一个任务包。

（二）定编核算思路及方式

1.根据我局供电所业务管控树梳理成果，在满足全业务开展的基础上，统筹出19项综合业务包，分别进行测算。

2.利用MyWork信息平台，做好工作计划生成，统筹安排不同业务事项，最大限度节约往返路程时间。

3.此次测算充分考虑了利用移动作业平台及应用新设备、新技术后业务的开展情况，最大限度节约了典型工时，有效减少了定编人数。比如开展"营业普查"业务，使用传统工作方式每户最低需30分钟，而现在使用移动作业平台"营业普查"模块，每户最多需10分钟，每户可节约20分钟。以城郊所每月普查业务量740户计，可节约大约246小时，折算可节约人力资源1.4人/月。

4.此次测算过程中,有几类业务是以估算形式开展的。

(1)"项目配合"业务。虽不属供电所常规业务,但实际占用供电所相关人员的业务,且业务不定期、不定量,不易测算,此次测算过程中,城郊所估算为4人,其他各所均为2人。

(2)"设备抢修"业务。已在"设备缺陷处理"等其他设备相关类业务中开展,按理不应再单独测算定编,但考虑到现有设备水平及短期内维护现状,结合平时实际抢修工作量,各所暂时估算为2人。

(3)"综合事务"业务。虽不属于常规核心业务,但在现有管理水平下,无法十分确定工作时间,结合平时工作量,各所暂时估算为3人。

5.测算定编人员不包括所长、副所长。

二、麻江课堂:《学会发现问题》

借鉴精益管理模式,麻江县供电局提炼了"发现问题与解决问题三部曲":

学会解决问题——落地工具:5W1H 工作改善分解表

步骤1:找出薄弱工序和薄弱设备,调查清楚人是薄弱环节还是设备是薄弱环节;

步骤2:重新审视人的工作和机器的工作的组合;

步骤3:明确再缩短多少秒就可以达到要求后进行改善。

表 5-4 学会发现问题——落地工具：作业选择表实例

姓名：张三			阻碍检验的事项				改善顺位	工作分解预定完成日期	预定完成改善日期
××工作场所	工作延误	失误多	修正多	安全问题	工具损耗				
2016/1/1						摘要			
工序1	××						1	7月15日	8月1日
工序2		×							
工序3									
工序4	××		×		×		2	8月1日	9月1日
……									
现行方法之细目	时间	距离/公差、安全等	为何	何处	何时	何人	何方法	构想 有了构想应立刻记录下来	删除
编号									
1									
2									
3									
4									
5									
6									
7									
……									

麻江访谈录之《企业如何克服由人情化管理到制度化管理的障碍》

戈剑：林局长，我们都知道，很多时候企业在管理的过程中都掺杂了"人情"。有些管理者认为，员工跟着我干，就得对他们好一点。所以会存在一些待遇一般，前途一般，但是员工都不愿意离开的企业，就因为管理者对员工很不错。时间一长，管理者会觉得制度已经无法再"约束"他们。那在企业管理中，要如何克服这种从人情化管理到制度化管理的障碍呢？

林江华：这种状况在很多企业中都会存在。为什么会存在人情化管理呢？因为有人觉得人情化管理是一种低成本管理。其实不然。人情化管理的隐性成本非常大，因为大家没有明确的责任，都凭良心做事，凭管理者的人情和"隐形压力"做事，企业一旦出问题，彼此推卸责任的局面就会出现。没有人承担责任，大家做事的效率肯定也不高，碰到问题也不会主动解决。

人情化管理的企业有一个特点：企业内部一团和气，但客户对企业的意见却非常大。因为企业总是不能准时完成任务，就算完成也有一系列后续的问题，如质量不过关，服务不到位等。其实这都是成本，而且是很高的成本，这些成本最终会导致企业走下坡路。

除隐形成本很高之外，人情化管理也容易使企业内部形成小帮派。企业管理者一碗水端不平，员工就要闹情绪。一天到晚情绪化，能有多高的工作效率呢？人情化管理的企业也有效率高的时候，但那只是一时的。所以，人情化管理表面省钱实际费钱，管理者难受，员工也不舒服。

戈剑：在他们形成这种"人情化"的概念之后，已经很难扭转了，并且就像您说的一样，员工内部很容易形成小团体，他们会互相比谁获得的"优惠"多，领导会比较"偏袒"谁，而且老员工待久了之后，很难再用制度去管理他们，这种情况要怎么处理呢？

林江华：制度化管理要从改变人的坏习惯入手。

人情化管理弊端多，企业要想走得远，终究是要抛弃它的。制度化管理讲起来容易，做起来难。难在哪里？难在习惯、习性的改变。改变员工的坏习惯、坏习性需要一个很长的过程，只讲道理没用，要靠频繁的检查。但是这又涉及一个新的问题：员工被检查就会不舒服，会产生抵触情绪。

在向制度化管理过渡期间，企业一定还会残留着人情化管理的痕迹，人情化的力量还在支配着企业员工，成了制度化管理的障碍。要克服这个障碍，就要从人性的深层寻找解决办法。

人性的第一个层面是感性，因为人都有感情；人性的第二个层面是理性，因为我们都是讲道理的。人到底受什么支配？实际上，人首先受习性支配，感性、理性的后面都是习性，都是惯性。

《三字经》中讲"性相近，习相远"，"习相远"是什么意思？就是个人不同的生活经历导致的不同习惯。

一次经历很难形成习性，若干次经历重复就形成习性了。所以，要改变习性，我们也就没有必要讲太多的道理。你想让对方怎么样，就要让相应的事情不断发生。你想提高他的执行力，就频繁检查他，1次不行10次，10次不行100次。有一个项目，我们对员工的检查一个月就达到了1840次，员工不想改都不行。

不要以为制度由很多道理构成，制度化管理就优于人情化管理。很多做管理的人有一种优越感，好像真理在其手中。其实，我们都没有被真理控制，而是被习性控制。说严重点儿，都被习性"绑架"了。

改人从哪里改？少讲一些道理，多营造一些经历，这就是一个突破口。

改人的过程就像厨师炒菜的过程。厨师炒菜要不断翻炒，调料才能更好地融入菜中。改人，情感、道理都是调料，关键是在改人的过程中一定要把一些经历牢牢烙到人的身上，打进人的心里。

本章小结：

1. 本章引入了《麻江县供电局供电所定编测算思路及方法》，通过对定编测算的详细过程节点，如"月度人均有效工时""任务包""MyWork信息平台"等的描述，以更清晰地展现组织优化的内容和过程，使读者的感受和理解更加具象，以期在实际工作开展中更具指导作用。

2. 本章引入了精益管理与六西格玛的实践应用技术思路。

3. 本章麻江课堂阐述了麻江模式落地的工具、表单和方法。

第六章 ▶▶▶

数字化转型的基础——麻江县供电局的信息化管理实践

KPI 自主绩效
贵州电网：凯里麻江供电局数字化建模与绩效模式观察

本章内容提示

《中国南方电网数字化转型方案》提出：建设电网管理平台、调度运行平台、客户服务平台、企业级运营管控平台四大业务平台，打造南网云、数字电网和物联网三大数字化基础平台。

信息是数字化的核心，信息增长颠覆了企业管理的传统模式，这对建立企业管理新秩序非常有意义。长期以来，中国的管理模式一直在跟随和效仿西方，鲜有新鲜声音和事物，更难有独树一帜的建树。在万物更替中，最应该先行的是思想。从爱因斯坦创立相对论、普朗克建立量子学说到高能物理的发展，人类的世界观和方法论从宏观世界发展到微观世界，信息正是微观世界的存在物。

回顾 2015~2019 年，麻江县供电局用"四化原则""三个创新特点"拉开了信息化管理的序幕，自创"MyWork"信息系统，将"企业信息化"转变为"信息化企业"，这无疑是打下了数字化转型的基础。

◈ 四原则、两阶段，加快信息化管理步伐

◈ 麻江县供电局信息化管理的三个创新特点

◈ 万物互联——供电企业拿什么迎接时代的挑战

第一节 四原则、两阶段,加快信息化管理步伐

"青山遮不住,毕竟东流去",时代的发展并不以人的意志为转移。信息时代的衍生物繁多冗杂,在管理中,由于企业信息化管理建设规划不够完善,导致在实际管理过程中缺乏管理依据,进而影响管理质量。综观现有供电企业的实际情况,距离数字化尚有较大的距离。但是当初信息建设突出的企业,却赢得了转型的先机。

2015~2019年年初,麻江县供电局有效、科学地将信息化管理以遵循"四化原则"划分为"三个阶段"来保证每个项目的规范性和标准性,以挖掘信息化衍生的潜在价值。

一、麻江县供电局信息化管理的"四化原则"

无以规矩,不成方圆。组织基于专业化分工而存在,分工以业务逻辑的流程为基础。分工的目的是通过单点的专业化带动整个链条的效率,实现最终结果的组织绩效最大化。管理工作的任务就在于维持分工的秩序,持续激发单点的能力,保障系统的效率。

麻江县供电局信息化管理的内容,可以概括为"管理制度化、制度流

程化、流程表单化、表单信息化"，这"四化"概括了管理通过规则化落地的过程。

第一，"一切按制度办事"是企业制度化管理的根本宗旨。管理工作的开展除了上下级之间的口传心授、言传身教外，主要还是通过制度、规则的落地来实现。员工更多的是依据企业共同的契约来处理各种事务，而不是察言观色、见风使舵。其内容包括完成工作的规则、方法、准则、细则、作业要点、结果规定等。这些规则定义了工作应该如何完成、该做什么、不该做什么、企业倡导和要求什么、反对什么，以及贡献大小的界定等，这就是所谓的"管理制度化"。

第二，企业变革一定伴随着各种要求的调整、改变和创新，为使企业变革得到巩固、深化，就必须建立流程制度体系，并不断进行调整和改进。简言之，制度流程化就是为了节省时间，提高效率而讲究的前后顺序。

专业职能分工在结构中以块状的形式展现，企业各项日常工作的开展，各个单点职责的落实，主要是通过各种事件的发生和处理去完成的。比如一项简单的工作，一个岗位的员工就能处理完；复杂的工作则需要经过多个岗位甚至多个部门，最终要靠上级来判断和决策。如果一项工作，单一岗位就能完成，那么制度主要体现为岗位的"操作指南"。越是靠近业务一线的员工，工作结果越是主要通过行为过程去控制，而行为本身容易标准化，行为与结果之间的因果关系明确而稳定。这种情况下，关于工作要求的制度就主要体现为岗位的操作指南。复杂一点的事件，或需要通过多个岗位完成的事件，制度就会体现为对流程的规定。一个流程往往要定义事件完成的步骤、环节和顺序，而不同部门和岗位之间的职责分工，正是在这个过程中得到体现。流程的环节组成和顺序体现了业务逻辑、专业职能分工的精细化程度和风险管理的需要（如监督环节、需要多个审核确认环节）。流程的环节之间既不能有遗漏，也不能存在职责的交叉和冲突。这就是所谓的"制度流程化"。

第三，为了保证一个流程运行完结时的结果达到预期的要求，就需要对流程中每个环节的过程产出作出规定。电网是一个技术密集型行业，从电力生产到电力运输，再应用到千家万户，中间任何一个环节出了问题都将导致社会的混乱和用户的流失。麻江县供电局经过多年的探索和实践，总结出了以减少人为因素的不确定性为目标的管理方法——表单化管理。过程管理的透明化和清晰化才能及时发现问题、保障结果。流程中每个环节的产出通常是报告和表单，或是表单中的某个填空或者签字。如果我们把流程中每个环节有记录性的产出统一叫作表单，那这就是所谓的"流程表单化"。

第四，英国政治家和文学家切斯特菲尔德曾说过："效率是做好工作的灵魂。"工作中最重要的就是提高效率，但越是规模大的企业，经营管理的逻辑越复杂，往往分工越是精细化，流程环节更多，产出的表单也更加复杂。整个流程的运转，无论是纸面的文本还是电子文本的信息传递，如果光靠人工实现的话，及时性和准确性都会受到极大的限制。其原因既包括客观条件的影响，如组织大了以后的区域差异、时差等问题，也包括主观因素的影响，如有意无意的时间拖延，填写或保存差错等。为了保障电网企业的信息流转效率，信息化是必然的需要。所有的表单都以专业的信息化工具来实现传递，准确规定时间，及时作出反馈和预警，并作保密性和安全性的设置。这就是所谓的

"表单信息化"。

二、一步一个脚印——麻江县供电局信息化推进的两个阶段

（一）制度表单化与表单信息化

潜藏在信息系统之下的文化是电网企业价值所在的新场域。信息互联网文化背后的精神是自由的，正引领着社会发展的新方向。

通过 OGSM 建立业务树的同时，麻江县供电局紧接着在各单位逐一推行更高层级和更广范围的信息化工作。这就是麻江人的作风和魄力，总是善于使用最专精的人力去完成意义最为普遍的事情。如此推行的结果是，领导班子的思路始终能占领企业管理的制高点，既能在短期内收到一举多得之效，同时又能在长期内奠定企业经营管理的制度化基础。

林江华常说，"电脑软件和管理密切相关，硬件可以用钱买，但管理软件却一定要自己做"。他多次对管理干部说，电脑已广泛应用于企业管理，并对制度改善工作的质量也提出了更严格的控制性要求。很多企业使用电脑多，但能将电脑真正应用于管理的企业为数不多。多数企业都在维持两套作业方法，即人工做电脑也做，不仅开支庞大，而且效率也不高。如今麻江县供电局自主研发的 MyWork 系统，具有"追根究底的精神"，先准确地将各种管理信息和事实用数字表示出来，再输入表单，供各有关单位共同使用。

绝知此事要躬行。与很多供电企业相比，麻江县供电局信息化的特色不仅是坚持"自我开发"和"自我完善"，而且因为更加适合企业自身实际发展需要，从而给企业带来低成本、扁平化、精细化与执行力等持续竞争优势。在此，"持续"二字是指其竞争优势不可模仿，因为可以模仿的，

第六章 数字化转型的基础——麻江县供电局的信息化管理实践

就不是持续竞争优势了。

领导班子成员不仅觉察到了电脑用于企业管理的重要性，同时他们还亲力亲为，指导信息部门成功搭建起了电脑操作系统的基本架构。甚至在最忙碌的岁月里，从确定管制项目和范围，到设定各项管制基准等，所有重大设计活动都亲自参与。应该说，信息化对于麻江县供电局经营管理模式的改变是全方位的、基础性的，据此不仅可减少冗员，简化工作流程，同时也提升了工作质量和决策效率。

举个例子，人力资源部门管理效能大大提升了，但工作人员没有增加，反而减少了。这并不纯粹因为电脑可简单取代人工，而是因为大部分人力资源职能随信息化一起分散到了各个职能部门，甚至连非人资人员也承担起了部分人资职能。

在此，也可以这样简单形容信息化对于麻江县供电局管理系统的提升作用：整个企业的管理事务和流程可被缩减为以几十张报表为核心的电子系统。特别是问题管理，过去基本是由安监部门主导，但现在却差不多完全分散了。

在麻江县供电局信息化变革的过程中，自主积分作为实践中的一部分，需要收集大量的基础信息，而企业又需要大量发现问题及解决问题的信息，用以支持决策和绩效评核，所以员工经常会"撇开"管理部门，自己主动去发现问题。员工们"自我需求"的增长无疑给整个问题管理流程注入了巨大活力，企业由此自发形成了"人人主动参与问题管理"的局面。

反过来说，管理层和员工的这一变化又给高层领导带来了管理压力，促使后者既要具备更加广博的知识和娴熟的信息驾驭能力，同时又要花费更多的时间去思考、设计和开发新的流程，并着力解决与之相关的各项实施细则和组织行为方式等问题。

为确保信息畅通，除了强调从源头上确保数据的准确性和及时性以外，麻江县供电局把那一时期信息化的重点主要放在了表单的整理和设计之上。在积分实施最受争议的岁月里，管理团队夜以继日地工作，对全局的所有表单逐一进行精简和优化，每一套作业程序的开发每天都要在由局领导亲自主持的会上提出讨论。除了原则指示外，每一张报表每一个字段、每一个字都要有效，多一个小数点都不行。一个企业的报表制度应能满足所有层级的管理需要，而且层级越高，表单所提供的信息应该越简缩。也就是说，除了简单实用以外，表单制度的结构和效果应该具有一致性。目前南方电网在推行采用同样的管理制度，使用同样的记录报表，同样的收集及传达数据的程序，但是报表所发挥出的管理效果却截然不同。

MyWork 系统分别从企业的组织结构、管理机能、管理权限、管理时效性、数据真实性，以及报表编制规律和要求等角度，提出了推动报表制度改革并改善表单编制及管理流程的基本要件。

麻江县供电局的信息平台，主要有以下几点特点。

1. 配合公司的组织结构及其管理机能。报表必须交付负责相关统计内容的某级主管并符合其管理需求，因为只有该主管有能力和权限控制该项工作并适时采取行动。

2. 表单编制的时效性设计。管理表单的编制必须具有时效性。如果报表仅提供事后和历史信息，那么将会影响其控制功能。若要及时编制报表，就需要相关单位的平时记录并对其加以系统化处理，不然就会影响主管及时作出决策。

3. 表单编制的真实性设计。如果报表内容不真实甚至弄虚作假，那么主管将难以作出正确决策，有时甚至还会导致其作出错误决定。

4. 表单要侧重反映重要事项。报表要注意显示少数包含有重大差异信息的管理项目，以便主管迅速注意到重要问题之所在。

5. 表单编制的规律性设计。报表应定时、定期编制，如此不仅可协助主管人员顺利展开分析、改善与控制工作，同时也有利于其编订工作计划。

6. 表单设计应力求简单、清楚、易解。报表字段的排列应符合阅读逻辑和习惯，且内容要有系统性、条理性，如此方可有效引导主管阅读并完全了解事情全貌。

7. 表单设计应具有预测功能。报表不仅要提供过去的数据，还应包含预测性信息。对管理者来说，"趋势显示"可能比确定短期利润资料更为有用。

8. 表单的比较分析功能。在日趋复杂的现代企业管理中，仅仅列出数字的报表是不合格的，还应该考虑添加多层次的比较功能，既可考虑把实际数字与预期或其他标准加以比较，也可考虑与上期、上年度同期或同业最佳实绩等进行比较，以便发现差异，求其原因并采取行动。

9. 表单的回馈机制设计。报表数据送出后，应该有所回馈，这样才能及时掌控工作进度或目标实现程度，以便发现问题并及时作出调整。

10. 作为考核工具的表单设计。将报表数据进行分析和比较后，可得其差异数和原因所在。成绩良好者，可据此实施嘉奖；成绩不好者，可据此责其改进。对于供电企业而言，赏罚分明是提高效率的重要手段。

(二) 从信息化走向管理合理化

南方电网一体化管理为企业在新电改时期奠定的管理基础是麻江县供电局信息化推进的根本保证。当时许多企业纷纷强力推行信息化，但结果是，不少企业在一开始时雷厉风行，半途就变得马马虎虎，再后来则悄无声息地折回了原点。究其根源，就在于领导人虽然有决心，但坚持不够；虽然有战略，但授权不足。麻江县供电局的领导班子力排众议，用几年的时间、精力和耐心全力支持各级部门的分析与改善工作，亲身参与修订各项管理制度，甚至不放过一张表单。

"重视细节"正是麻江县供电局领导班子的制胜法宝。他们从发展规划、组织、制度、流程到表单，几乎样样都要过问，全力推动，简直到了巨细无遗的地步。他们的基本想法是：信息化管理作业不仅是一种管理工具，更是企业追求管理创新的平台。只要现行人工操作流程能被电脑"替代"，那么就意味着公司的管理工作仍有改善的空间。

随着企业信息化管理水平的提升，林江华回忆说，他越发感觉到职能部门的管理人员在企业管理中所扮演的角色日渐重要。管理人员不能只会组织日常生产，还要向经营者提供有益于企业决策及管理的数据和资料。在过去，企业的大部分管理工作必须依靠人工才能完成，因而无法开展真正意义上的管理分析活动，但现在，改革的条件已然成熟。2016年以后，"问题管理"活动开展得更是有声有色。整个分析与改善工作也不再拘泥于"点的改善"，而是广泛推行"点线面"相结合的综合性做法，即坚决贯彻执行局里所提出的"由点到线，由线到面"的基本原则。也就是说，管理合理化不应再是企业应对管理挑战的一项临时政策措施，而是各业务单元开展经营活动的一项常规性做法。

信息化为协助经营者规划、管理和控制企业的各种经济活动提供了真实可靠的数据和信息。随着信息化水平提升，领导班子的作业重点不仅可集中于整理上述数据和信息的客观性与可验证性，更是可集中于开发其"相关性价值"。用林江华的话说，叫作"深入挖掘数据与信息间所隐藏的因果关系"——如何提升软指标。事实证明，有了大量原始数据的支撑，各级人员都能找到改善业绩指标的路径。

第二节 麻江县供电局信息化管理的三个创新特点

一、建立了"1+1>2"的信息共享平台

麻江县供电局提出的"源头数据一次输入,多次传输使用",更是大家对于麻江县供电局几年来坚持推动信息化作业的经验总结。所谓"源头数据",是指"把积分发生的源头输入电脑",或者说"谁下达指令谁输入",亦即通过电脑记录从源头上厘清积分发生的责任";所谓"一次输入",是指"全企业的数据只有一个来源",一旦输入之后,任何人均无权随意改动;而所谓"多次传输使用",是指"数据在同一系统中传输并可在全企业共享"。如月底结算时,会计人员可从人力资源部门直接提取人事数据;而人力资源部门也可从生产单位直接提取绩效考评数据等,无须再像从前那样由基层单位填写并层层上报。

毫无疑问,推行此项措施的目的在于厘清各使用者的责任,并从源头上确保数据的准确性和及时性。另外,数据共享程度也反映了一个企业的信息化水平:信息共享程度越高,信息化水平就越高。数据共享不仅避免了不同单位和个人因从不同途径提供或获取数据可能带来的混乱,消除了

企业内可能存在的"信息孤岛",同时也使更多人能更充分地使用已有的数据资源,以减少数据收集等重复劳动及相应费用,极大地简化了全企业的事务性管理工作流程。

二、抓住核心管理——"一日核算"给员工赋能

今日事,今日毕。一日核算,从字面意义上理解就是指员工绩效任务的宣布、抢单、做单、积分考核可以在一天内全部完成。

可以这样推测,麻江县供电局依靠其几年推动信息化的相关经验和基础,要想在几个小时内完成上月的绩效分数统计,并同时实现工资结算,也应该是一件水到渠成的事情。事实上,实现一日核算,并不是一天练就的。

林江华说,"一日核算"的关键是抓住核心管理需求。而所谓"核心管理需求",又正是日常管理系统的薄弱环节。以前,大量岗位低效率地重复前一天的工作内容,却没有数据可以记录真实的作业状态。200多号人,各有各的事情,各有各的做事逻辑。如果不进一步推动管理信息化,仅依靠现有的人力和管理系统是无法解决各专业所带来的"由信息过多所造成的沉重管理负担"的。"一日核算",本质是管理的快速闭环,也是责权利的动态体系。责权利体系两个关键因素分别是能力与利益。能力是责权利体系的基础,利益是责权利体系的保障,同时,利益需要以贡献和责任的准确评价为基础。

这就需要回到最初的命题,"人"对于组织的价值究竟该如何假设与选择?亨利·福特曾经讲过:"我需要的是一双手,为什么来了一个附带大脑的整个人?"这正是管理需要解决的核心命题。企业雇用的是既有双手又

有大脑的整个人，这是个客观的现实。不同的假设会带来不同的管理机制和行为选择，"大量用脑而少用双手"属于管理岗位常见的特征，这个不用多讲。除此之外，企业对于人的价值的选择主要存在两种假设：第一，训练双手而限制大脑；第二，训练大脑去应用双手。

第一种假设相当于企业不需要发挥岗位员工自身的主观判断，所有的判断和决策由上级或公司的规则来确定，员工只要按照指令或规则完成工作、达成结果就可以。这样组织权力自上而下分布，资源自上而下配置，发展动力也往往是自上而下的。员工因为没有太多选择和决策的自由度而渐渐失去主动思考未来的动力，习惯了"领导要求什么我就做什么"，或者"公司鼓励什么、激励什么我就去做什么"。传统大型组织大多是这种情况，只是程度上存在差异。

第二种假设认为大脑是一个人的核心价值，虽然人与人之间存在思维能力和见识的差异，但双手的作用取决于大脑功能的发挥。这样的组织尽量下放权限给员工，试图赋予员工更大的责任，通过充分调动员工的主观能动性和潜能而获得组织的成功。组织的动力是自下而上的，高层管理者的主要任务不是指挥、控制和分配资源，而是提供专业指导，赋能，辅助员工获得成功。这样的组织要解决的核心问题是如何保障权力下放情况下的利益共享和责任共担问题，如何基于员工的能力而赋予合适的责权利，以及如何让员工拥有经营思维和管理能力等系统担当能力。

越来越多的组织已经开始尝试两种假设的结合，既保持组织的标准化、规范化和风险防范，同时又希望员工为组织提供更多的动力与活力——保持大规模的稳定性，且不失去灵活的创造力。这也正是组织设计所要追求的方向："大企业的机体，小企业的灵活"（大结构里的小机体）。

麻江县供电局的"管理制度化、制度流程化、流程表单化、表单信息化"正是第一种假设；而"一日核算"为代表的单位时间附加值计算，正是给员工赋能，充分调动员工的主观能动性和潜能而获得组织的成功。

三、迈向知识化管理阶段：管理信息化与虚拟会计

麻江县供电局自主开发的信息系统，涵盖了经营管理的各个模块。特别是员工的手持终端，能够使任务可视化、成果明确化、激励及时化。

2016年，麻江县供电局在积分统计中，为了能够让各个供电所横向比较得分情况，同时形成有序竞赛，发明了虚拟会计报表。因为县局无法对直接利润负责，也无法把所有激励都用金钱来兑现，所以就用组织绩效得分、管理绩效得分、内部抢单得分，这三类得分，虚拟了一个管理损益表。这个虚拟的管理损益表，本质上是一个动态的责权利体系，可以用"单位时间附加值"来进行最终的业绩评价。通过计算单位时间附加价值，各业务部门能够正确认识本部门每小时可以创造出的附加价值，在经营活动中提高该核算指标。这个虚拟会计报表，让以供电所为主的业务单位，现场产生了钻研创新的精神。因为要想使自己所里的单位附加值提高，一方面就要努力让"收入最大化"；另一方面要让"支出最小化"。要实现"收入最大化"，就要主动寻找得分的可能，比如，主动发现问题，主动创新业务流程等；要想大幅度提高得分，就要在技术难度、业务难易程度上下功夫。管理者统筹综合能力越高，个人能力覆盖度越高，得分可能性就越大。曾加劲副局长说：这样设计的目的，是使员工在高标准完成任务时，不仅用的时间少，得到的分数还高，会促使大家尽可能深入研究业务、创新业务。

若要让"支出最小化",管理者就要尽量减少因管理失误造成的扣分;个人就要努力提高工作标准,减少被扣分的可能性。一旦个人被扣分,会影响整个团队的单位时间附加值。

还有一个重要的因素,就是大家必须减少无效工作时间,才可能提高单位时间附加值。所以,统计所有发生的时间(=总时间)时,部门负责人会尽可能把员工有效的工作时间利用到极致。这样一来,加班、迟到、早退、缺勤、调休等现象会大幅度减少。

表6-1 有效工作时间

损益科目	得分类别	供电所1	供电所2	供电所3	供电所4
收入	A 经营类绩效加分				
	B 管理类绩效加分				
	C 内部市场抢单加分				
支出	D 经营类绩效减分				
	E 管理类绩效减分				
虚拟利润（Y=A+B+C-D-E）		Y1	Y2	Y3	Y4
工作时间（小时）		H1	H2	H3	H4
人数（Z）		Z1	Z2	Z3	Z4
单位时间附加值(X)		X1	X2	X3	X4
备注		X=Y/H/Z			

管理人员可根据虚拟会计记录进行分析整理，实时向各级经营者提供有效的管理报告及经营分析数据，作为后者制定经营决策及推动管理制度改善的依据。换句话说，麻江县供电局据此建立了一整套业务与经营分析方法，其核心内容是指标管控与经营绩效分析。这套做法以日常管理为原则，通过追求更为理想的单位时间附加值，来实现组织绩效的最大化。

组织是以"人"为主要载体的投入产出系统，而人是拥有主观意志、动态变化的生命体。在这种情况下，为了维持分工的秩序和协同的效率，就需要持续解决以下几个核心问题：个人的工作努力符合组织对岗位职责的定义与要求，并以此为基础激发人的能动性和创造力，建立员工工作投入与回报之间的良性循环；人与人之间基于贡献和价值的公平回报；个人成长与组织发展之间实现共赢。要想解决这些问题，关键在于构建动态的责权利对等体系。正如任正非先生曾说的："企业的活力除了来自目标的牵引、来自机会的牵引以外，在很大程度上是受利益的驱动。企业的经营机制，说到底就是一种利益的驱动机制。价值分配系统必须合理，使那些真正为企业作出贡献的人才得到合理的回报，企业才能具有持续的活力。"

信息平台暗含着麻江县供电局坚持推动"管理信息化"的两个基本原则，即融入和整合。所谓"融入"，是指把信息和网络技术以成套方式融入到"包括每项作业到最小单元"当中，"并设立管制标准与目标，以达到数据透明化"，并"可快速掌握经营绩效及任何作业异常"；而所谓"整合"，是指把企业管理中的电脑化体系和结构，以项目方式集成为一套知识系统，以便使"各个部门间的数据可相互钩稽，各项营运数据可做到环环相扣"，不但可确保企业拥有一个完善的内控机制，同时也可协助各部门顺利推动作业自动化。

2015年,我们全面使用MyWork开展工作计划管理,安排工作计划共26126项,评价共25443条,固化现场工作证据共13830条,计41315份。——摘自《麻江县供电局创新工作总结》

供电企业的知识特性,皆源自于工作人员对海量信息沉淀、整理,并完成相关性分析后所形成的管理信息。这些现场固化下来的工作证据,代表了麻江信息管理系统的演变趋势,更是企业知识管理系统建设的开始。管理者都应充分了解这一"知识特性",并使该特性成功介入员工的每一项作业活动。因为唯有依靠该特性,企业才能够使用比以往更短的时间、更少的资源,培养出更多的人才,完成更高难度的任务挑战。

第三节 万物互联——供电企业拿什么迎接时代的挑战

如果说从数字化转型中能看到什么，那就是混乱之中新秩序的生长，这正是信息和人类劳作的功绩。

信息化，是世界变革的本质和核心，也是企业建设的发展方向。从哲学的角度去审视事物，就应该本着"跳出画外看画"的原则去把握它，真正的分析方法应该是从整体上去把握它，绝对不能孤立、静止和片面，绝对不能是形而上学的。

一、供电企业重大威胁——售电公司长尾变全尾

2004年，克里斯·安德森在他的《长尾理论》一书中提出，在网络世界有一个现象，那些少数热销的大众产品和众多冷门的小众产品，其市场份额呈现出一条带有长长尾巴的曲线。当把尾巴的所有冷门市场汇集起来，其市场能量可以超过大众产品的市场能量。例如，一个实体店可能会摆放排名前100的热门音乐光盘，而一个网店有一半以上的音乐光盘是排名100以后的冷门音乐光盘，但是，把冷门光盘的销量汇集起来，你就会发现它超过了那前100名热门光盘的销量。这就是长尾理论。

长尾理论的前提是处于稀缺物资时代，企业的目的好像就是生产大批量的同质化产品，因为按实现投入与产出高比例的逻辑，一个典型的高投入的产品卖的量越大，单位成本越小，利润率就越高。电网企业大多采用大规模、缺乏个性的标准化模式，以此建立大众市场的独霸地位。

传统经济/大众经济专注规模、标准、效率，它们大多是没有地位的长尾，是市场的弱势群体，它们花不起巨额广告宣传费用挤进大众市场，例如第三类售电公司。于是，形成了市场竞争的游戏规则：大鱼吃小鱼，甚至大企业挤压、打击小企业的创新。

当稀缺物资时代过去，丰裕物资世界到来，网络链接和智能交互技术的解决方案不但会删除原来那些逐利的中间环节，而且将把曾经是大众市场的红线（个性化弱势群体），变成由无数利基市场组成的一条平缓的蓝线，使这个长尾的正态分布曲线逐渐趋于平缓。部落经济正是专注于长尾的个性、自我、喜好，通过社群、社交和网络服务的方式，建立用户体验。

互联网、移动互联网给了曾经没有地位的售电公司机会，透明的信息和低交易成本，使得长尾无须与大企业再拼广告费用或资源。长尾还正在创造和引领新的竞争规则，通过社交网络、口碑传播推动消费者主权革命，让个性化成为一种高智商、高情商的新潮流，让购买大众市场产品的行为被视为个性的缺失。

当长尾的群落在全球范围足够多，宏观上就会汇集成品类商业生态轨迹，逐渐取代同质化的大众市场。过去那些万人一款的单品类电网企业就像一条孤独的大鱼，正在被数千万的个性化利基市场的小鱼群售电公司所淹没。

平台企业是汇集长尾力量的一个有效方法。例如，Google将全世界的人和企业都汇集在一个知识创造与分享的大平台上；在中国，马云率先将各类中小企业汇集在阿里巴巴平台上，腾讯通过微信平台让无数个体获得绽放个性的新生。已被或正在被颠覆的产业包括电力、烟草、媒体等，曾经的传统大众市场经济正惨遭史上最强悍的长尾力量威胁。

（一）售电公司如何颠覆二八原则

售电公司的布局是业内颇为关注的焦点之一。毫无疑问，包括电网在内，大部分进入这一领域的公司都认为要把80%的注意力放在20%的大客户身上，因为他们优质、价高、要求高。

售电公司在初始阶段布局大用户自然无可厚非，但大客户毕竟数量有限，竞争势必日益激烈。一旦大客户市场趋于饱和，未来的蓝海必将属于小型客户。

以居民为例，虽然是长尾用户，但一户居民可以衍生出的口碑是不可想象的。正如罗振宇（逻辑思维）的优质粉丝理论所言，"一个忠实用户很可能会带来更多用户的加入"，未来的演化趋势将通过"无物不销，无时不售"(Jim Treacher)证明"涓涓细流，汇聚成河"(Joshua Wood)，从而实现"终结二八定律"(Eric Etheridge)。

具体而言，售电公司除了发展工商业等大客户，首选发展的肯定还包括高档住宅及大型住宅小区。以此为切入点，其中的居民所辐射出的各行各业不计其数，每一个人都可以对其选择的售电公司明确使用观感并予以传播，进而影响其所在行业或公司（大客户）对售电公司的选择。

（二）即便没有人抢市场，也要提高战斗力——麻江县供电局的市场"务虚会"

早在2016年，麻江县供电局就针对未来业务的趋势，在内部成立了

"虚拟售电公司",其实就是供电所的营销部门。

曾加劲无数次提出"蓝军思维":很多企业过分专注于自己擅长的一亩三分田,习惯利用传统优势吃老本,却往往忽视对新产业、新技术机遇的敏锐洞察和探索性学习。在快速变化的环境中,这种守成的模式已经初显颓势,组织在"温水煮青蛙"中极容易丧失进取活力,陷入能力陷阱。

"蓝军"创新思维,即借鉴军事模拟训练的假想敌策略,在组织内部培育具备竞争对手思维和颠覆性创新能力的新力量,对突破这一困境具有启发意义。蓝军力量的崛起,将激发组织既看重稳健性,又时刻保持前瞻性和战斗活力,构建起混沌环境下的动态竞争优势。

世界上最早的蓝军,是以色列1966年组建的"外国空军模拟大队",以一批优秀飞行员为核心,模仿敌军伊拉克的空战动作,全部按伊拉克导师——苏军的方式进行训练。以色列空军通过与蓝军的模拟对抗,大幅提升了歼敌技巧,随后在实战中以1:20的战损比率重创伊拉克。美国随后也创建了蓝军部队,全面模仿苏军的训练和作战,苏联军官评价说:"他们看上去比苏军更像苏军。"这支部队多次获得了对红军训练的胜利。加拿大也建立 The Argyll and Sutherland Highlanders 部队,模拟阿富汗战争中暴乱分子与平民混杂的复杂场景,提高军队的应对能力。英国则在加拿大建立 British Army Training Unit Suffield (BATUS) 基地,专门用于红蓝军实战演习。

"蓝军思维"怎么在基层落地呢?麻江县供电局要求各部门牢固树立服务客户、抢占市场的观念,主动对接市局和用电企业,超前引导配电网规划布局,及时启动配套电网工程建设,提供办电"一站式"服务和用能整体解决方案,快速响应市场需求。

林江华：我们积极奔走于大型工厂和市局、省局之间，以便能在第一时间获取企业信息、最新文件和指示，早介入、早安排、早服务，全面为企业建设生产、发展和人民的生活用电提供保障。

正是这个"早"字，使麻江县供电局以"资料最简、流程最优、实现最短"为目标。

（三）竞争中的"逆生存"——供电企业未来业务战略构想

2017年8月，周末。一场别开生面的战略设想会议，在麻江县供电局八楼的会客室拉开了序幕。

王京刚：跨界联手，求得生态共赢

与公用事业公司或大型成熟载体联盟，结为战略合作伙伴关系（如自来水公司、燃气公司、通信公司、视听娱乐公司、网络供应商，甚至电商和社区超市等）；整合各类业务，形成多种套餐，为消费者提供丰富选择；选择互相协调促进的产品或服务搭配，制定正确的捆绑策略，达到"1+1>2"的效果，共享资源优势互补。

运用金融手段，预存电费定期按点回馈用户。如银行和购物商城的联名卡、加油卡、车行和保险公司的选择等行为，均可以参照学习。

在电力零售行业中践行供给侧改革，一方面，许诺套餐内长期协议下相对低廉的电力价格，实施软性捆绑；另一方面，通过抱团取暖，在合作企业的产品售卖和服务提供上，对选择其售电公司的用户给予折扣。

戈剑：定制服务，占有市场

参照香港银行业提供的差异化选择，基层营销单元可设置针对各类群体的不同电费计划，如单身贵族、二人世界、三口之家、四世同堂、五福同享等。

基于每月用电情况给予"忠诚度积分"。例如，新客开户赠送开户积分，日常消费获得等值积分，电子渠道申请赢得额外积分，拍照抄表回馈友好积分。参与需求侧管理，如执行分时电价、优选清洁能源获赠绿色积分、续签协议获得忠诚积分，甚至参与企业组织开展的公益活动也能获得爱心积分……

不同积分对应不同价格，并且可以兑换礼物、减免电费等，如果取消签约、需要纸质账单、超过几次欠费，则需缴纳一定费用或扣除一定积分。

在形成用户黏性的同时，逐步引导消费者的用能习惯，树立有社会责任感的电网企业形象。

林江华：精准营销，社交拓扑

一如 Google 利用 nest 的嵌入获取用户信息并协助智慧用能，未来电网企业自身的售电公司也要实现这一功能，明确所售卖电力的来源。例如，区域内的传统能源或可再生能源、社区内光伏屋顶发的电、西电东送过来的清洁水电等，越来越多的用户将愿意为情怀支付溢价。

参照电商根据搜索记录或购买行为推荐相关产品的做法。比如，搜索了 30 天腹肌教程就推荐专业运动衣物，把连衣裙放进购物车就推荐优惠高跟鞋等。电网企业利用自开发 APP，通过用户的手机软件、屋内智能开关等设备，获取底层数据，掌握用能行为习惯，为精准高效的营销做好积累。比如，通过获取用户的度假信息，时时提供屋内的能源使用情况，根据家庭成员的情况提供峰谷用电建议等。

对传统电网企业来说，一方面将在管制类业务上迎来更为严格的监管，另一方面也会步入与同行的业务竞争中，面临以前从未有过的挑战和机遇。

对新进入的竞争者而言,自然也有更灵活的机制、更大胆的设计、更贴近用户需求的响应能力,在改革浪潮中赢得市场的垂青。这些都能令这个沉睡已久的产业焕发勃勃生机。

曾加劲:去中心化的重构——嵌入区块链

全球能源互联网是服务范围广、配置能力强、安全可靠性高、绿色低碳的全球能源配置平台,可将风能、太阳能等各种自然能源转化为电能在电网中传输,可以连接各类电源和用户,实现电源资源优化配置。

未来的全球能源互联网中将存在大量智能发、输、配、用及储能设备,系统的复杂性和不确定性剧增。参与主体之间各自独立且没有信任沟通机制,无法保证能源系统的供给和交易等行为自动执行,而区块链技术的出现,使能源互联网在技术层面的实现成为可能,大量发电和用电设备的数据可以全网收集、保存并持续追踪更新,同步实现全网资源的统筹调配和优化配置。

首先,区块链和能源互联网都是去中心化且自治协同管理的,均不存在统一的管理结构,都强调系统的自调度和生态化运行;其次,二者都无需第三方信任机构,目的都是建立公平开放的市场机制;最后,二者都具有智能化和合约化的趋势,通过智能合约或"可编程货币"可以实现合同或能源交易的自动化。可以说,区块链本身的技术特色具有重构能源体系的先天优势。

当前我国电力行业正努力朝着智能化电网方向发展,其中的智能化发展离不开互联网信息技术对其提供的技术支持。在当前电力信息平台中,可以依据需求对现行的电力信息系统、数据传输方式等进行数据融合处理等,也可以通过开放式架构来实现对发电、配电、用电的智能管理。对于各个电力系统间的信息传输等,都可以通过互联网通信领域中应用最为广泛的 TCP/IP 技术来实现信息的传输。为了提高数据传输的安全性和可靠性，在信息传输过程中对信息进行物理、逻辑隔离来保障信息传输的安全性，而在当前服务器、TCP/IP 这种同行方式下，很难做到信息的物理、逻辑隔离，但在区块链中能够很容易实现上述方式。在区块链中可以对区块内的存储信息提取特征值，再对提取的特征值进行数据处理，所提取到的特征值会随着处理时间的变化而变化，在变化形式上也主要是以指数的形式来实现上述变化，因而只需要在区块链内作哈希运算即可实现。通过哈希运算的处理提高了系统的可靠性，针对电网领域的需求，在电网领域内采用区块链的技术框架如图 6-1 所示。

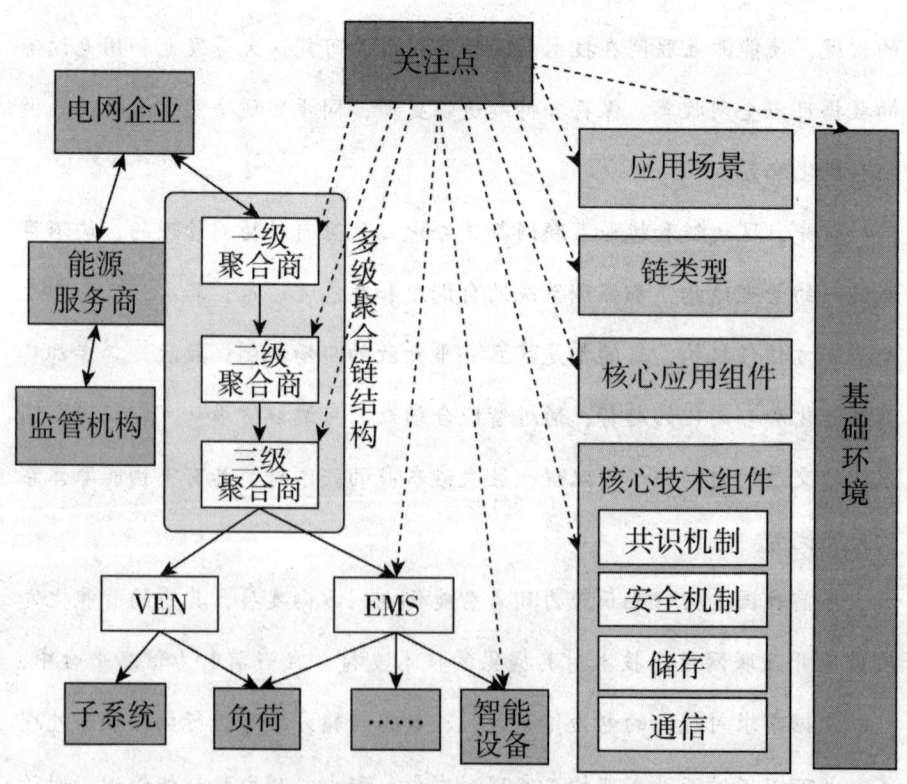

图 6-1 电网领域内采用区块链的技术框架示意图

在区块链技术框架中，底层的应用层是指区块链在不同领域中的具体应用，由于应用对象的不同，在应用层中差别也比较大，主要是在交易信息上有着很大的不同。应用层的下一层是中间层，中间层作为应用层和协议层之间的通信信息传输，在某种意义上也是应用层的接口，中间层的具体功能是进行数据分析、数据验证以及为应用层中的应用程序提供数据接口等功能。中间层的下一层是协议层，主要是实现区块链中的数据交易编码算法等功能。虽然区块链技术很强大，但不能否认，其在能源互联网中的应用还面临着很多不同方面的挑战，如实践经验少、相关的法律与监管还不完善、能源行业垄断性强等。

林江华： 智能电网这个概念已经提出了许多年，在其概念模型中认为电网可以通过互联网、信息技术实现智能化管理，实现电网相应过程的自适应匹配功能，特别是当前技术比较成熟的前提下，利用电网供求系统变化可以实现多级交互的区块链支撑。例如，在电网系统的业务测试中，可以通过建立模型的方式来实现对电网功能的评价。通过将区块链协议作为基础，对整个信息处理流程进行分析统计，并将信息的整个处理流程融合为一个系统平台，在该平台上实现对所有业务需求的处理。在区块链技术的支持下，用户可以在电网系统中实现所有流程的自助处理，也可以在区块链技术支持下的系统中实现对资源信息的处理、传输、交易等流程。在整个交易过程中，可以实现对交易者信息的保密，只需要得到用户的授权即可实现电网信息系统的全部操作。由此可见，应用区块链能够实现智能电网的安全、智能、标准等要求，区块链技术能够给智能电网的具体设计提供技术支持，也能够为智能电网系统的服务提供保障。

——摘自苏辙《麻江访谈录》

二、大数据时代——电力行业搭载信息"顺风车"

信息化时代的发展带来了爆炸性增长的信息量,也使全球的数字信息进入史前未有的快速发展期,进入"大数据时代"。大数据时代给各行各业带来了机遇和挑战,这其中也包括电力行业。近年来,电力数据对电力行业的影响越来越大,通过数据分析推进电力行业智能化发展也成为顺应时代潮流的发展趋势。

(一)加快电网企业智能化运行与管理

通常我们会对信息网络里的大数据进行汇总,建立电力系统大数据库,并采用云计算技术分析数据间的内在联系,从而得出电网运行方式的优化方案,以达到经济运行的目的。这过程中,会实现一体化的系统监控。以上而言,家居用电智能化也是电网运行方式优化的一种表现,这是跟我们日常生活最贴近的。例如,利用电力数据库,能将用户家中的各种电力设备,如照明系统、安防系统、音视频家电、空调设备等连接成用户用电一体化系统,并获取其各项用电数据,对数据进行深入挖掘后,可准确得出用户用电设备占比、用电时长以及高峰用电周期规律等数据信息,帮助用户优化用电方式,节约用电费用。

所谓电力智能控制,是指通过获取更多用电模式的信息,来优化电力的生产、分配和消耗。电网智能化,是大数据时代电力行业发展的趋势。大数据技术的应用,必然是电力智能化程度提高不可或缺的支撑。因为只有在基础电力设施的基础上,运用数据分析,获得有价值的信息,才能有效地投入动态监控设备,实现在线监测、检修查询、应急指挥、视频监控等智能管理系统功能,才能有效改变运营方式,促进电力智能化发展。

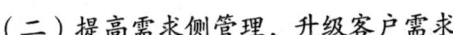

（二）提高需求侧管理，升级客户需求

通常而言，庞大的电网大数据不仅记录了居民的用电量、用电时间、分时电价等数据，还记录了工厂用电、公共设施集中用电（如供暖设备、天气预报设备等）等信息。通过对社会电网数据的综合分析，能确定社会最优电力运行方式和负荷控制计划，监视、管理和控制电力集中负荷使用情况，进而制定合理的电价，以引导用户转移负荷时段，逐步实现用电负荷曲线平坦，缓解缺电压力。

对客户需求的升级，主要表现在对用户用电质量服务的提升和用电需求的预测。一方面，电力企业能通过对用户购电量、新增/增容或变更供电数据、用电检查管理数据、财务管理数据等庞大的数据，进行用户用电规律、用电行为的分析，继而对用电行为相近的客户进行分类，实现电力用户市场细分。同时，结合不同的用户类型、供电负荷力、区域人口覆盖面积等方面的因素，电力企业能够更有针对性地进行营销组织优化，有效提高服务质量，改善服务模式。另一方面，在各种电力营销业务数据的基础上，结合国家政策、社会环境因素、经济发展形势等各种外部因素，深度挖掘用户用电与国家规定电价、经济发展情况等各种因素的关联关系，能更有效地预测用户的用电需求，完善用户用电需求的预测模型，实现准确的用电需求侧管理，提高电力资源的有效利用率。

（三）数字化转型开启——电力行业未来可期

数字化转型之旅开启之后，就是新商业时代。

供电企业可以利用数字化技术对所有参与者、消费群体和电力产品进行信息资源的提取。企业通过精准的数据分析，能够不断降低在输、配电等过程以及自身的运营过程中的流通损耗，对传统的价值链进行彻底改革。

数字化时代，移动化和社区化成为常态。为了更为精准地收集用户数据与信息，供电企业可以将会员账号打通，并借助强大的数据收集、分析、应用能力来获取大型客户、散户等的用电需求和用电习惯，从"被动"转为"主动"，利用新技术开发相应的产品。尤其是在用户主导的新消费时代，产品同质化和营销内容满天飞，单一的产品和服务已经很难吸引用户。

1. 与用户建立场景连接

对传统的电网企业而言，需要做的不是拒绝互联网带来的变革，而是以开放的心态拥抱变革，积极进行转型升级，构建以用户为中心的场景化思维，从而使自己成为数字化生态下的强势物种。

以场景化的思维和场景体验去重新理解互联网的价值，针对用户需求痛点提供问题解决方案，为用户创造优质体验，从而衍生一种新思维和新业态。

以服务用户为中心，用场景化思维去观察和思考，便会发现其实社会生活中还有很多场景是可以被优化从而创造出巨大的价值的。

2. 体验营销，体验新经济时代

相比于其他同类企业，电网企业的营销策略缺乏差异化特征。体验营销并未对传统营销模式进行彻底颠覆，只是从全新角度来考虑问题。为了满足用户在各个方面的需求，需要围绕某个特定主题，将体验营销策略的实施贯彻到所有环节中。

对电网企业的经营者来说，要实施体验营销，就要立足于消费者的角度考虑问题，了解目标群体，在此基础上推出符合用户需求的环境。

在马斯洛五大需求中，处于顶层位置的是自我实现的需求，这是在实现体验式销售过程中最重要的环节。在售电公司只掌握用户硬性需求，而没有满足用户的感性需求时，电网企业的销售部门可以在体验式销售过程中充分发掘用户的能动性。由用户的需求和电网企业的思维碰撞所产生的针对用户的个性化方案就会完全适合用户。比如，针对企业级用户设计供电服务套餐，提供供电、用户侧运维等一系列配套服务，满足其全方位的需求。

本章小结：

1.本章讲述了麻江县供电局运用"四化原则"推进信息化的进程，从制度表单化与表单信息化到信息化，最终走向管理合理化。自上而下，自下而上，麻江县供电局规范化的管理使得一切数据和一切行为都"有迹可循"，这也是今天数字化转型的管理基础。

2.本章讲述了麻江县供电局信息化管理的三个创新特点，从建立信息共享平台、一日核算，到知识化的管理阶段，层层递进，建立起个人与企业的直接关系，充分调动员工的主观能动性和潜能，真正做到给员工赋能。

3.本章讲述了麻江县供电局"战略务虚会"的研讨方向：作为基层单位，在大数据时代应主动踏进市场寻找需求，建立市场"务虚会"，提高需求侧管理，在智能化和数字化时代下跟上时代步伐，甚至超前思考，超前竞争。

第七章 ▶▶▶

从"企业文化"到"经营哲学"

本章内容提示

　　数字化转型的开启，使企业管理面临基于人性的挑战：在充分注重员工行为管理的同时，还需要注意对员工的思想管理，我们称之为文化管理。一个企业在发展过程中，可能会出现弱文化、文化愚民等现象，这就更需要对企业的文化价值观进行深层次的提炼。所以，只有改变文化才能促使每个人更有效率和更富建设性地完成任务，通过文化和价值观变革再次崛起。

　　◈ 麻江县供电局文化变革的三驾马车

　　◈ 让每个人都在旋涡中工作

　　◈ 提高心智，用"利他之心"启动变革

　　◈ 国企改革的方向：实现追求价值的法则

第一节 麻江县供电局文化变革的三驾马车

导入故事：湘军的制度设计

2018年，初春，周末午后。曾加劲坐在会客厅为笔者一行分享他的读书心得。

在军事史上，曾国藩的湘军不能不算是一个奇迹。湘军是所谓的"官勇"，即地方政府招募的临时性武装，并非国家的正规军，当时的国家正规军是八旗军和绿营军。然而曾国藩却在很短时间内，将这样一群来自草根的散兵游勇打造成那个时代最具凝聚力和战斗力的部队，乃至令"湘军精神"流传后世，成为"团队精神"的代名词。他是怎么做到的？

这得从曾国藩编练湘军时问自己的第一个问题说起。曾国藩当时并没有先探究"湘军如何能打"，而是先分析了"绿营为何不能打"。要知道，绿营军是经制之兵，装备精良，训练有素，而他们的对手太平军是一批揭竿而起的农民，根本没受过什么军事训练。然而在太平军面前，绿营军一触即溃，望风而逃，将大清王朝的半壁江山拱手送给了太平天国。

绿营军为何不能打仗？曾国藩在分析后得出一个结论：绿营军存在巨大的制度缺陷。

绿营军采取的是"世兵制",即士兵由国家供养,世代为兵,各地都有绿营军。一旦发生战事,就采取抽调的制度,东抽一百,西拨五十,组成一支部队,然后派将领带兵出征。这样的结果是:兵不识兵,将不识将,将不识兵,兵不识将。用曾国藩的话说,这就像砍树枝一样,东砍一条,西砍一根,然后捆到一起,形不成一个整体。既然大家互不熟悉,没有交情,那么大家都明白,遇到危险,就甭指望别人会来救自己。既然别人不会来救自己,那么打起仗来就谁也不肯冲锋在前,独履危地。相反,生死之际,所有人的本能反应都是自己先逃命。这就是绿营军作战的特点,也就是曾国藩说的"近营则避匿不出,临阵则狂奔不止","胜则相忌,败不相救"。在他看来,这样的军队,即使"诸葛复起",也是打不了胜仗的。

所以,湘军要想镇压太平天国,就必须从制度上进行彻底变革。

所以,曾国潘在湘军中采取了全新的制度设计。与绿营军的世兵制不同,湘军采取的是招募制,而且是层层招募制。具体来说,就是大帅招募自己手下的统领,统领招募自己手下的营官,营官招募自己手下的哨官,哨官招募自己手下的什长,什长招募自己手下的士兵。

湘军的待遇很高,所以不愁招不到兵。但只有上司招募你,你才能进入湘军,得到立功升迁的机会。这样一来,士兵势必感激自己的什长,什长势必感激自己的哨官,哨官势必感激自己的营官,营官势必感激自己的统领,而统领势必感激自己的大帅。如此,从大帅到士兵,湘军就像一棵大树,"由根而生干,生枝,生叶,皆一气所贯通",组织内部就全部打通了。"是以口粮虽出自公款,而勇丁感营官挑选之恩,皆若受其私惠。平日既有恩谊相孚,临阵自能患难相顾。"由此,在湘军内部,人和人的关系也就跟绿营不一样了，士兵不再是捆在一起的树枝，而成为一个由感情纽带凝聚起来的整体。

招募制只是曾国藩制度设计的第一个层面，更厉害的还在第二个层面。曾国藩规定，在作战过程中，任何一级军官一旦战死，那么他手下的军队便就地解散。比如，营官战死，那么整个营地就解散，全部赶回家去，一个不留；以此类推，哨长、什长都是如此。这会导致一个什么结果呢？这样一来，所有人都会做一件事情，就是一定要保住自己的长官。因为只有保住长官，你才有继续立功升迁的机会。保卫长官本来是一种道德要求，但湘军通过制度使其变成了最符合下属利益的行为。由此在湘军中，道德的要求和利益的追求完美地结合在了一起。王闿运在《湘军志》有言："其将死，其军散；其将存，其军完。从湘军之制，则上下相维，喻利于义。将卒亲睦，各护其长。"这便形成了曾国藩所说的"呼吸相顾，痛痒相关，赴火同行，蹈汤同行。胜则举杯酒以让功，败则出死力以相救"的"死党"。这是湘军凝聚力和战斗力的来源，也解释了为什么湘军和绿营同处一个时代，但绿营士兵打起仗来首先想自己逃命，而湘军士兵则首先想保卫自己的长官。

曾加劲讲完这个哨长的故事，连忙端起水杯抿了一口茶。顿一顿，总结道：一切皆是因为制度设计的不同。制度是什么？制度是决定和改变人行为的东西。人都是理性的，人都知道什么样的行为对自己最有利。

对麻江县供电局的管理者来说，关键任务是制定出有效的制度，把下属的自利行为引导到对组织有利的方向上去。就像曾国藩治理湘军一样，在确立基本制度后，他根本不用自己挥着战刀在后面逼下属冲锋陷阵，下属自然就知道往前冲。下属的行为已经变成了自觉、自发的行为，因为这种行为对他们自己是最有利的。

一、文化变革——构建企业文化体系

路虽远行则将至，事虽难做则必成。正向的文化理念会给企业和员工带来很多正能量，企业的绩效变革也会变得简单。日本京瓷公司是从经营哲学入手来经营人心的。2011年，盛和塾世界年会在日本召开，当稻盛和夫被问及拯救日航的秘诀是什么时，他简单地说，"我只是将京瓷的经营哲学引入日航"，其他经营举措一点没谈。当时大部分听众不理解稻盛先生的意思，甚至有部分企业家还以为稻盛和夫不愿谈"管理秘诀"。而今天，很多企业家都理解并深度认同稻盛先生的观点，如果有其他秘诀的话，也只是"术"，真正的"道"就是引入经营哲学。对麻江县供电局来说，绩效变革是"术"，而文化变革乃是他们成功之"道"。

组织与个人之间需要协同，特别是需要双方拥有共同的价值观和目标。在文化变革的过程中构建企业和员工共同的价值观，在协同的前提下，解决组织效率和员工效率的问题，绩效变革才能事半功倍。在莱宾斯坦的X效率理论中，X低效率的原因之一是员工个人和企业目标的不协调。从更深层次来说，只有保持价值观的一致才有可能达成目标一致。

文化变革体系的构建是企业行为，需要企业通过一系列的规章制度和企业高管的带头落实来逐步完成。文化变革融入企业生产管理的各个环节，呈现出独特的企业氛围。

企业文化体系构建是指根据企业文化诊断评估的结果，完成企业文化精神层面的开发，提炼核心价值体系，搭建企业文化理念体系结构，建立企业文化行为识别系统，设计企业文化视觉识别体系，是一项创造性的咨询服务。

企业要想实现战略目标，实现基业长青，不断获得创造崭新业绩的力量源泉，就要具备系统的、完善的、富有生命力的企业文化体系。这是企业文化建设的最基本要求和基本目标。

下面，我们以文化体系建模为例，简要说明文化体系如何融入业务活动中。图7-1是企业的问题文化管理模型，一种围绕"如何解决问题"形成的问题文化体系。

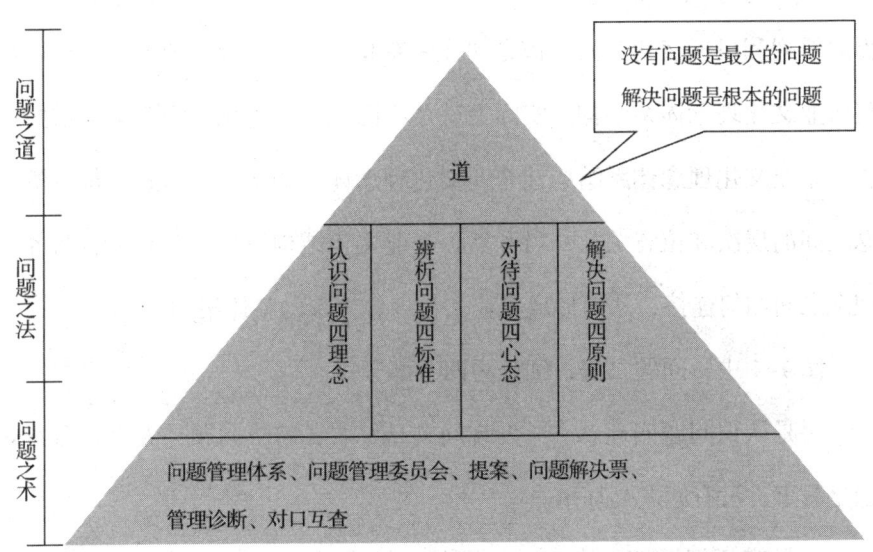

图7-1 问题文化金字塔

（一）问题文化的道——提炼核心

企业核心价值体系，一般包含企业的使命、愿景、精神和核心价值观。核心价值观就是指企业在经营过程中坚持不懈，努力使全体员工都信奉的信条；企业使命是指企业在社会经济发展中所应担当的角色和责任，是指企业的根本性质和存在的理由；企业愿景是指对企业前景和发展方向的前瞻性的高度概括描述；企业精神是指企业员工所具有的共同内心态度、思想境界和理想追求。企业核心价值体系由企业文化中最基本、最重要、最核心、最"上位"、最稳定的理念所构成，对整个企业文化体系起到统领作用。

图7-1中，"没有问题是最大的问题，解决问题是根本的问题"是文化体系细分到职能文化中，针对如何解决问题的核心，高度概括的文化理念。

（二）问题文化的法——搭建架构

企业文化核心价值体系和企业文化应用理念不应该是一条条理念的孤立罗列和机械表达，而应该是"你中有我，我中有你"的有机整体。搭建企业文化理念体系结构，实际上就是明确理念与理念之间逻辑关系的过程。企业文化理念体系结构让企业文化理念体系的构成、形式、每一条理念之间的层次和位置关系一目了然。企业文化结构模型更能清楚表明各个理念之间如何连接，从而形成企业文化理念体系的整体架构。

图7-1中，问题之法，细分为四个部分：

一是认识问题四理念——发现问题是好事，解决问题是大事，回避问题是蠢事，没有问题是坏事。

二是辨析问题四标准——问题是对标准的偏离，问题是对期望的偏离，问题是对标杆的偏离，问题是对自己认识的偏离。

三是对待问题四心态——实事求是找自己的问题，毫不留情找别人的问题；追根究底找问题的真因，千方百计找解决的办法；找自己的问题叫"智慧"，找别人的问题叫"真情"；发现不了问题是能力问题，有意掩盖问题是品格问题。

四是解决问题四原则——以企业的大局为重，以企业的利益为重，以用户的满意为重，以做人的诚信为本。

(三)问题文化的术——规范行为

企业建立行为识别系统,不能只靠铺天盖地的宣传教育,还需要制订和完善可操作性的企业行为规范。企业行为规范是指由目标体系和价值观念所决定的企业经营行为和由此产生的员工所特有的工作态度和行为方式,是企业文化的重要构成要素。行为规范使企业和员工的行为有章可循、规范化一,强制性使得行为规范成为员工践行企业文化的约束和保障。以正确的企业理念为指导的行为规范,有助于员工在宽松的环境中准确无误、积极主动地完成自身的工作。行为规范的编撰不是单纯的导入,而是从企业员工身上去提炼,聚焦各层次优秀员工的典型行为闪光点,通过行为规范的编撰予以放大,再落实到各层次员工的行为中。

一线员工在发现自己无法解决的问题后,以填写"问题解决票"这一书面形式向管理者和职能服务部门提出解决需求,由管理者和职能服务部门在规定时间内予以解决,并由问题提出员工确认解决效果。员工提出的问题,必须在规定的时间内给予沟通和答复,必须在规定的时间内予以解决,并制订专门的管理办法用于约束实施。

应围绕这两大核心命题展开

核心命题		对内:文化理念转化为员工行为(第一命题)	对外:文化理念转化为企业形象(第二命题)
初步落地标志	知	员工: 知晓公司倡导的文化理念及其行为要求	利益相关者: 了解公司的价值观、愿景目标及承诺
基本落地标志	信	员工: 相信依照文化理念行事,就一定能实现组织和个人成功	利益相关者: 1. 相信公司,始终遵循公司表达的价值观; 2. 相信公司能够实现愿景目标; 3. 相信公司在履行承诺
完全落地标志	行	员工: 依照文化理念及其行为要求行事	利益相关者: 愿意为公司实现愿景提供可能的理解、支持和帮助

图 7-2

文化落地的标志,是最终形成"知、信、行"三部曲。

二、领导变革——给员工创造好的变革环境

任何领导理论都是基于对人类心理和行为规律的总结和猜想。一个人在处理任务和情境时,是以潜在的预想和假设为基础的,而这两者通常都在人的意识之外,这些假设和前提就形成了所谓的"心智模式"。

"反射弧"(Relex Arc)理论在心理学、行为学等领域应用广泛。该理论认为,人类行为是机械反射的结果。

传统电网企业的管理者都是以反射弧为前提来进行管理的。这些技巧强调给予雇员明确的命令,以赞扬、回报金钱和分发福利等较为单一的激励方式来培养员工机械服从的行为习惯。随着现代组织对即时反应能力的要求越来越高,旧的条件反射理论越来越不适应新零售时代的发展,不能再作为高效领导力和高效管理的理论基础。

"创造一个员工的归属感,让他属于组织"需要找到别的理论基础。在笔者看来,管理和领导力的各个方面已经做好准备要经历一次理论基础的变革,正如爱因斯坦的相对论在科学中所引发的变革一样,基于组织环境和企业与员工新关系建立的领导力和管理,也将会引发新的变革。

一个新的理论在建立之初,最常见、最形象的方法是作类比说明。比如,传统的行为理论把人类比作小老鼠、鸽子、狗和电脑。但新的研究认为,能更准确地说明人类行为方式的,是训练海豚的实验。

海豚被认为是除人类之外最聪明的生物,它们使用非常复杂的系统进行沟通。事实上,它们的神经系统比人类的还要复杂。除此之外,它们的脑部质量占身体质量的比重也比人类大。海豚比小老鼠、鸽子、狗甚至电

脑,更能完成更加复杂的动作。它们创造力的支配范围和"有意识支配的空间"都要宽广得多。

在实验中,训练海豚其实是训练它们的学习能力,而非让它们学会推铁圈、走迷宫等单一行为。在海豚训练的实验中,研究者发现了一些独特的现象。最显著(和本书也最相关)的是,它们对于训练环境和与驯兽师的关系极度敏感。为了能够有效地训练海豚,你必须和它建立起关系,否则它会无视你,哪怕你是它的饲养员。

鼠海豚的故事

人类学家格雷戈里·贝特森(Gregory Bateson)花了数年时间研究海豚和鼠海豚。他在报告中指出,他所在的研究中心通常会让这些动物为观众进行表演,有时一天多达三次。

一只鼠海豚被驯兽员从栖居池引至表演池,来到观众眼前。驯兽师在鼠海豚做出一些新鲜的动作(指的是对人类来说很新鲜)后,就会把它的头抬出水面,吹一次口哨,给它一条鱼。然后驯兽师就一直等着,直到鼠海豚又重复了这一动作,他会再吹口哨,给它鱼。很快鼠海豚就明白了要做什么才能得到鱼,会经常将头探出水面,最终成功地完成表演。

两三个小时之后,鼠海豚再次被引到表演池进行第二场演出。它很自然地像第一场演出一样将头部探出水面,等着期待中的口哨声和鱼。但是,驯兽师不想让它进行老套的表演,而是想向观众展示一下它学习新动作的能力。

表演差不多过去2/3的时间了,鼠海豚一遍又一遍地重复着老把戏,它终于变得非常沮丧,没精打采地向驯兽师摆尾巴。驯兽师立刻吹了声口哨，给它扔了条鱼。这条又惊讶又有些迷惑的鼠海豚下意识地又摆了摆尾巴，于是又得到了口哨和鱼。很快，它就愉快地摆起了尾巴，再一次成功地展示了它的学习能力，然后回到了栖居池。

在第三场表演中，鼠海豚被引至表演池后，开始像它在第一场和第二场的表演中学到的那样尽职地抬头、摇尾巴。然而，由于驯兽师想让它学习一些新的内容，没有再给它奖励。再一次地，在这场表演的2/3时间里，鼠海豚继续重复抬头和摇尾的动作，变得越来越沮丧，直到最后，出于愤怒做了一些不同以往的动作，比如转体。驯兽师立刻吹响口哨，给了鼠海豚一条鱼。经历了一段时间之后，它终于成功地学会了转体，然后被引回了栖居池。

接连14场演出，鼠海豚都一直重复这一模式：前2/3的时间里，都在尝试之前的演出动作，动作加强了却毫无收获，直到最后，看起来好像是"意外"一样，它做出了一个新鲜的动作，才成功完成了当次的训练表演。

每一次重新出场，鼠海豚都会因为得不到奖励而变得烦躁和沮丧，此时驯兽师要打破训练环境的规则，给鼠海豚一些"不劳而获的鱼"，以维持他和鼠海豚的关系。如果鼠海豚对驯兽师太过失望，就会完全拒绝与他合作，这就会给研究和表演带来重大阻碍。

最后，在第14场和第15场演出中间，鼠海豚看起来激动得发狂，就好像突然发现了金矿一般。当它被引至表演池中时，进行了一场非常华丽的表演，既有之前学会的动作，也包括许多其他完全自创的行为。

驯兽师对很多鼠海豚都做过类似的训练，基本都取得了同样的效果。甚至有一头鼠海豚在最后一场的表演中展示了8种观众从未见过的动作。

根据贝特森的说法，在上述实验中使用的刺激物与其说是反射的触发者，不如说是环境的标记者，给动物提供了一种解读这一环境的信号——一种后设信息。口哨和鱼的组合构成了环境的标记者，它的意思是："重复你刚才的动作。"表演池则标记了"口哨—鱼"这一环境之上的环境，意思是："做一些和刚才的表演不同的动作。"贝特森指出，鼠海豚和驯兽师的关系，是环境之上的环境。同理，在以前的电网企业中，员工与管理者的关系包含了界定的环境，以及环境之上的环境。

受过回避条件训练的动物可以越来越快地学习新的回避类行为。所以年轻的员工在学习某个技能，或是在学习新的应对方式时，他的学习速度会比那些在电网企业中待得久且年长的员工要快。因为年长的员工在变革时期的惰性让他练就了"回避行为"。因此，要改变他们的这种心态，让年轻的员工带动资深员工变得尤为重要。

而练就了这种学习方法后，其基于的"回避行为"之上的学习"探索能力"与单一、机械的学习某一行为相比，是更高环境层次的学习。而这种更高环境层次的学习，给员工带来的变化是以往学习所无法比拟的。

三、环境变革——改变环境之上的环境，让员工行为有效改变

"环境包含于其他环境""环境之上有环境"，这些理念对于电网企业的管理者具有深远的影响。以前传统的电网企业员工的学习模式趋向于自我验证。假如在之前某一次绩效变革成果并不是很明显，或者是不了了之，那么在新一轮的绩效变革运行前期，他们也会对这次绩效变革充满消极情绪，而不是接受上一次方案的不合适或自我实现程度低等问题。

借鉴稻盛和夫先生的成功方程式，我们可以把环境变革归纳为渗透管理、经营人心。

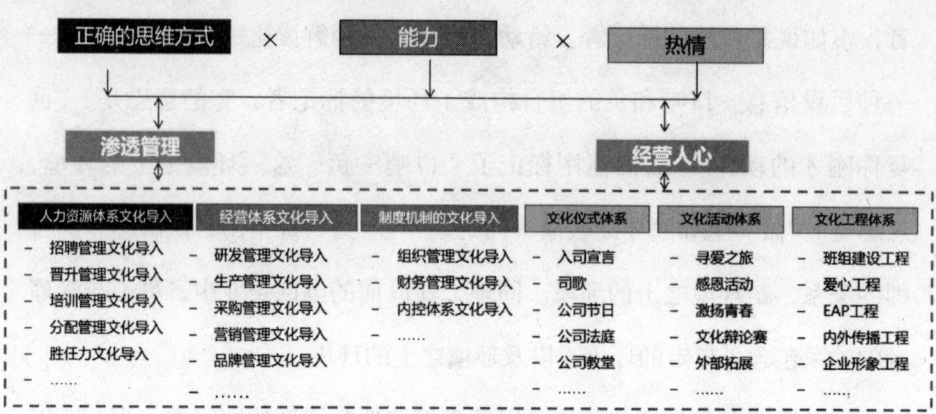

图 7-3 工作的结果 = 思维方式 × 热情 × 能力

从推动员工成长的角度来看，领导者和管理者更应该重视创造和管理环境的能力，这是一系列让领导者能够脱颖而出的能力，而不是劝说他人服从命令的能力。

领导者和被领导者之间的关系并不是"刺激物"和"行为"之间的关系那么简单，还包括和双方有关的更高层次的信息。比如该关系中涉及的各方面的状态及位置，任务和关系所在的一系列环境，信息所在的层次，等等。

第二节 让每个人都在旋涡中工作

企业在发展过程中会产生新的关系、新的结构、新的方式，必然要有新的价值观相适应，创造新的观念，改造旧的观念，这就是企业价值观的变革与创新。俗话说"根本不静，百事皆非"，也意味着价值观变革对于一个企业重生的重要性。在很多电力企业还面临着"标兵走远，追兵逼近"的严峻形势时，麻江县供电局已经开始了解放思想，全面推动、全员发动、全员参与的转型跨越。

一、时代多改变，观念紧随其

沉舟侧畔千帆过，病树前头万木春。事实上，电网企业进行绩效变革，受影响最大的就是员工，而员工也决不是社会不稳定因素的代名词。就算改革过程中出现了一些不稳定因素，如员工上访、员工不同意改革等，但最终的结果大多还是员工支持企业进行改革，是能够理解改革的意图的。关键就在于，员工如何看待对电力企业改革，如何看待自身在国企改革中的表现，如何看待自身在变革问题上思想的不断进步、认识的不断深化、观念的不断更新。

KPI 自主绩效
贵州电网：凯里麻江供电局数字化建模与绩效模式观察

互联网经济的推动，让供电企业的价值观从理念形式的存在变为多个层面的存在，例如从经营哲学、管理思想等多个角度去探寻企业文化价值观发展的"轨迹"，从利润最大化到单一目标再到适度利润多元化，从单一经营到多元经营，从传统的管理到人文、行为主义色彩的管理等，随着时间、空间的延续，构成了企业价值观的完善系统。

（一）心态的转变：从"自我"到"他我"

无论是农业时代还是工业时代，抑或是今天的互联网时代，自力更生仍然是电网企业持续发展的基础，员工更是要以自身为基点，站在更高的层面想问题，让自己成为企业改革发展中的奠基石，而不是绊脚石，以获得持续、长远的发展。麻江县供电局走在国家响应改革的前列，从"麻江"做起，做众多电力企业，乃至国有企业的标杆。

而作为基层单位的员工，要把身份从"国有"转化成"社会"，从"国有人"变成"社会人"，确实是一个根本性的转变，是一个需要勇气和决心的改变。因为，长期以来，广大员工已经习惯于国有体制，也习惯于按部就班地生活在国有企业，认为国有企业是国家的，不管经营好坏，自己的工资和福利待遇都是少不了的，因此工作很懈怠，思想很消极。特别是像电力系统这样有垄断意味的行业，或多或少都会让员工有一些官僚作风。现在，突然要求他们放弃国有身份，变成"社会人"，这需要一个转变的过程。

对于职工本身来说，知比行更难。云计算、大数据、感应器等高新科技的发展，都在促进着中国传统企业的改革，职工若不适应改革，很快将会被时代淘汰。供电所的检修、维护等工作，都将人定义为机器，把一件件富有创造力、综合性的工作，拆分为单调、枯燥、无聊的工作，职工在这种情况下找不到"向上流动"的通道，晋职、加薪更是无从谈起，工人在流水线上工作久了，思维会变得单一。职工若不转换思想参与改革，把握新特点和探索时代新规律，很快就会滞后于时代的发展。

（二）业精于勤，自我价值与企业价值的协同管理

莫不有始，鲜克有终。自我管理是一门科学，也是一门艺术，自我管理计划的实施是对自己人生和实践的一种自我调节，也是人生成功的催化剂。做好自我管理，可以逐步走向自我完善，最大限度地激发自身潜能，实现人生的最大价值。

1. "认清自我"，从"自律"到"他律"

"心智决定视野，视野决定格局，格局决定命运，命运决定未来。"这可以说是德鲁克一生的写照。德鲁克也通过自我管理奠定了其"大师中的大师"的地位，以自身的成就彰显了"自我管理"的价值。

自我管理的实现和大多数人提倡的"木桶效应"背道而驰。多数人都相信"木桶中最短的那块板会制约你的水平"，所以很多人都在揠苗助长地弥补自己的短板，而忘记去挖掘自己的长板。但是有时发挥优势明显比弥补缺陷要更容易一些，所以"认清自我"在电力企业改革中，变得尤为重要，它直接决定着你之后的岗位和工作性质。

2. 塑造和企业相同的价值观念

一条大船能够前进，除了船长的指挥，还需要各位水手的配合。船长负责大方向上的把控，对前进过程中遇到的障碍，作出判断和抉择，水手们根据船长的指挥掌舵。想要让船走得稳，必然要求一条船上的船员们同

心协力。

电力行业作为改革的前端企业，员工要从领导"思想"出发，通过对企业文化、主导思想和领导价值观的学习，让自己在共同价值观的基础上与领导者一起确立目标，并朝着这一目标去奋斗，此所谓"上下同欲者胜"。当员工愿意把企业愿景变成自己的愿景，打心底愿意为实现这个愿景去付出时，就是愿意发挥自己的才能，对企业最大限度地承认和尊重。

二、以文化引领的价值观变革

价值观变革管理的工作就是协助员工适应新的工作方式。员工要从现状发展到理想状态需要经历四个阶段，分别是准备好、乐意去、有能力和致力于。这四个阶段中，员工首先要意识到正悄然发生的变革。然后在管理中，用变革的理由和电网企业的未来说服每个员工，让他们都为愿景感到欢欣鼓舞，愿意成为其中的一部分。在第三阶段，员工需要具备某些必不可少的知识、技能和素质，准备好展示出期望中新的行为方式。在最后一个阶段，员工必须全面拥抱绩效变革并展示出新的工作方式。

要想协助员工顺利地度过上述四个阶段，转型团队必须采用以下变革管理要素。

（一）不忘初心，统一战线

唯物史观认为，物质利益是人们从事一切活动的主要驱动因素。但在信息时代，互联网把世界变成了村落，文化契合变成了物质之上的一种合作精神。新时代下员工与领导并不是直接的上下级关系，而变成了为同一利益奋斗的合作伙伴。

因此,"统一战线"也是电网企业价值观变革成功的基石。在绩效积分制度的指导下,虽然领导层在整个转型过程中掌控整个组织,提供适度的灵感、行动和步调,但员工自然也希望导师或直线上级能给出坦诚的建议,帮助他们弄清楚对团队和个人而言"转型意味着什么",发现拥抱变革的动力。

(二)榜样的力量

没有一种妙招能够让所有的员工都以"正确的"方式去思考和感知。因为员工群体并不统一,每个人都会因为自己的职位、部门、工作地点、年龄、过往经验以及其他一些因素而对发生的情况有不同的解释和反应。价值观变革对不同群体的影响程度不一,因此需要计划如何让利益相关方参与,为各员工群体提供教育和激励。此外,还需要为高管制订个性化的影响度评估和参与计划,从而直接解决他们的问题,使得他们成为真正的转型支持者并带动员工。

(三)推陈出新

当企业变革的速度赶上了时代变化的步伐时,价值观变革就具有了可持续性。然而,两者并不能迅速地高度吻合。电网企业作为传统行业,其组织结构的成熟必定会影响追逐时代的步伐。解决这一问题的关键,是侧重于关键少数行为——这是目前一部分人经常表现出的行为,能够让转型更顺畅、更迅速、更成功,在全面贯彻的情况下能够带来实实在在的业务成果。将重点放在关键少数行为上,是因为改变行为方式很难,试图在同一时间内改变所有行为方式更是难于登天。当组织里的每个人都关注于这些关键少数行为时,就能够采用新的思维方式,同时见证迅速的、切实的成果。

三、案例：变电管理所如何将困境变新局

凡事预则立，不预则废。"不等不靠，以主动意识引领工作"是变电管理所员工工作的准则。在绩效积分制变革中，班组是企业最小的单位，处在企业的第一线。麻江县供电局变电管理所在 2015 年着力开展了"五抓一完善"的工作：

（一）以价值观引导的技能培训

从变革初期的人心涣散，到对员工进行培训，麻江县供电局变电管理所以人员技能均衡发展为指导思想，差异化地安排培训工作。外送 4 人参加跟班培训；以赛代培，带队参加 5 月在施秉举行的凯里电网运检技能竞赛获三等奖；新增作业前培训这一培训形式，满足在"干中学"的理论支持，使员工"知其所以然"。

（二）以价值观引导的业务落地

在授权专责依照年生产计划对日常工作安排外，牵头进行了运维、预案的修编及反事故演习的开展。

除日巡外，带队开展专业巡视及春秋季安全大检查。发现缺陷隐患 133 起，一方面确保了隐患缺陷的发现处置，另一方面为 MyWork 提供了大量的任务输出。全年生产管理系统内处理紧急缺陷 15 条，重大缺陷 4 条，一般缺陷 61 条。

检修技改项目实施是对存在问题的老旧设备最好的解决办法。参与"十三五"检修技改项目规划（变电设备部分）的编制，配合完成计建部宣威变二期可研初设、碧波变综改等项目的立项工作，审核发现谷硐变主

变及110kV线路保护改造工程施工方案存在的安全隐患并协调处理；2016年变电管理所项目入库6项，预算投资690万元。

以身垂范，参加变电运行专业技能鉴定考试，12人参考，7人通过（六高一初）；联系地区班组对检修专业技能鉴定进行了考前实操培训，9人参考，9人通过（七高二中）。

适用、合理的积分管理办法是顺利推行积分制的关键。按人资部要求，结合原积分制运行后发现的问题，对积分管理办法进行了修编。

（三）立竿见影，效果显著

1. 员工价值观有了转变，绩效积分成了计量个人实绩的"电度表"

原来肯干能干却因农电工身份绩效只能拿600余元的员工，月入2000+成为"绩效明星"；绩效"先进者"也有了从"抢绩效"到"让绩效"团队共同进步的思想转变；思想后进的员工也开始主动找活干；月绩效低于平均绩效60%的"后进者"在人资部"喝茶"后积分大逆转，跃进前列；每月所务会不再因为积分问题吵闹，多付出多收益成为共识。

2. 推诿扯皮少了，工作要求有了从"补缺"到"提质"的转变

按照MyWork内的年度工作计划，工作任务在系统内进行派发。实现了由笼统的计划安排向可量化工作任务的转化。形成了年计划输出月任务，月任务分解为周任务。主任安排评价专职的工作（技术类），专职统筹安排现场作业任务（技能类），值班长分配专职评价的管控形式。MyWork回填工作证据实现了"管理留痕，数据共享"。

3. 业务技能提升加速，工作任务从"你去干"到"一起干"

从最开始"不会做他们的事，抢不到他们的分"到参与先进工作班，

主动分担力所能及的任务，交叉学习共同进步。通过一年多的努力，除部分作业风险和难度较高的工作外，检修处已不需要专责再到现场指导，员工的技能水平增长取得一定成效。

第三节 提高心智，用"利他之心"启动变革

一、洞悉员工心理，把握企业变革第一步

（一）中层干部如何保持变革的激情

对于实施企业文化变革和价值观变革而言，一般理论和咨询机构往往建议从工作分析做起，建立部门的职能说明书、岗位说明书等。岂不知成熟组织的员工，即使手头没有书面工作说明书，心中也已经有了。一个成熟组织，即使管理者离开一段时期，也会照常运转。如果先按理论套路搞一遍基础工作，那么变革的资源和热情就会被耗光，所以应该在基本的机制和规则建立后，进行模拟培训，然后进入运转状态。至于工作说明书方面的瑕疵（即便是大的瑕疵），应该被作为改进点，让员工自下而上地提出，在其被规范为 KPI 后，再逐步加以完善，也许这样的说明书会真发挥点作用。

为了保住成熟组织可贵的变革激情，应该高度重视该变革对管理者造成的工作压力，除做工作分析和工作说明书外，还应该对变革的工作压力进行评估和控制。可以对"树立文化目标阶段、过程控制阶段、文化考评阶段"加以统计、分析和推算。如表 7-1 所示，中层主管管理工作的

时间主要分布在"控制工作""教导培训下属""制订规划和计划""参加会议""作出决策""激励部属"等方面。如果绩效管理所用时间，低于该项管理工作耗时的30%，则可以接受；如果低于15%，则基本没有问题。具体的时间计算可以用工作写实的方法，对公认工作压力最大、最忙的主管，应详细记录，持续改进，直到可以接受为止。例如，某公司刚开始使用绩效管理软件时，在考评这个环节，由点击鼠标143次完成对一个下属的评价减少到28次，主管感觉才可以接受；考评时间缩短到3分钟以内时，才能坚持下去。超过这个时限和次数，多数中层主管无法高质量地完成任务。

表7-1 中层主管的时间分布

排列顺序	管理工作内容	管理时间所占比例（%）
1	控制工作	15
2	教导培训下属	12
3	制订规划和计划	11
4	分配时间	11
5	参加会议	11
6	作出决策	10
7	阅读及其他进修	10
8	激励部属	6
9	批阅文件	5
10	创造活力和保持士气	3

如果绩效变革对管理者确实造成了新的负担，并达到一定程度，则一定要放慢节奏和降低标准，比如将超越考评（对员工超过预期的工作的考评）的周期由一个月调整为两个月，将履职考评中综合考评的周期由一个月调整为一个季度等。

（二）有不同的声音怎么办——员工价值观的多元共存

第一，价值观的多元共存，一方面，如韦伯所说是理性化的表现之一,和精神世界的"祛魅化"是一个同步的过程,并且一如文化和亚文化的关系一样,多元价值观之间未必都是对立的,它们在相当程度上也是包容或可以共存的;另一方面,共存的多元价值观也会出现冲突的可能,不仅非主导价值观会出现背离主导价值观的可能,非主导价值观之间也会出现彼此冲突和对立的可能,正是这一点决定了麻江县供电局在共存前提下整合的必要性。

第二,在求同存异中彰显共识。毫无疑义,员工与企业达成价值共识是一个在"不同价值主体之间通过相互沟通而就某种价值或某类价值及其合理性达到一致意见"的过程,但是价值的求同并不排斥价值的存异,甚至说这种求同是以价值的存异为前提的。如果没有不同的价值或价值观存在,员工和企业的价值求同就成了伪命题;如果不能为不同的价值观留出存在的空间,那么主导或主流价值观与非主导或非主流价值观之间除了你争我斗就没有调和或共存的余地,求同也自然成了水中月或镜中花。

当然,价值存异并非价值共识的全部,甚至不是价值共识的核心,它为价值并存提供了环境和场域,但其"最终目的并不在于形成多元共存的价值局面,而是要在多元和统一之间寻求一定的平衡"。对于一个需要持续发展的企业而言,这种平衡更倾向于以价值认同为主的多元价值共存的局面。变革中的企业最大的问题在于,我们非但不能存异,事实上我们也难以求同,这是价值观重建所面临的最严峻的困难之一。

二、怎么沟通才有效——沟通变革与文化变革双管齐下

一场"争论"可能是两个心灵之间的捷径。

在任何一次重大转型中,变革的意义都如此深远,何况是在电网企业

中。在要求对行为方式作出重大改变之时,这场"争论"还要达到提升新行为方式的接受程度和采用程度的目的,也是举步维艰的。沟通变革主要目的是通过正式的管理层沟通(备忘录、电子邮件、视频)会议、全员大会简报、员工会议讨论、一对一会议、员工新闻简报、答疑等多种形式,培养意识和认识。

(一)沟通是变革过程中统一认识、缩短不稳定期的重要手段

在变革中必须加强部门之间、上下级之间、同事之间的沟通。管理者和员工必须把沟通列为变革实施的重要组成之一,并制订相关的预案。

· 明确企业目标与员工之间的联系

企业必须用通俗易懂的语言向员工说明清楚可行的改变目标,以及需要改变的充足理由,以便于员工接受。许多变革计划大量使用专业词汇,描述公司远大目标,却没有告诉员工,这些变革对他们每天工作的实质影响。在与员工沟通时,必须将这两个部分有意义地串联起来,让他们知道应如何正确配合,主动了解变化的目的以及具体实施的方式。

· 明确变革中员工的任务与预期成效

企业必须告诉员工,希望改变的程度如何,什么样的成果才算达到标准,以及员工可以利用企业哪些现有的资源达成这些成果。员工要了解变革带给他们的收获,比如产品优化可以使产品质量提高,员工可以更加轻松地销售。这里可以与激励制度挂钩,使员工更加有积极性。

· 注意沟通的频繁性、准确性、一致性

企业要认识到与员工频繁沟通文化变革的重要性,也不可忽略沟通品质,如果沟通内容不够正确或不够重要,反而会带来负面影响。企业绝对不能给予员工错误的信息,否则信用会因此丧失。此外,有时候公司也不

能立即给予员工过多信息，他们可能消化不良，或者因为尚未实际执行，无法体会过程中面对的问题，造成不必要的疑虑。在多次沟通的过程中注意所传输信息的一致性，不要使员工对变革的信息由于传输的不一致而导致疑惑。

为了让大家知道目前的变革进展、企业对他们的期望、变革发生的时间，沟通是非常有力的工具。然而，沟通本身并不能让员工具备在新模式下成功的各项技能。当组织、流程和体系发生变化时，及时的培训是确保员工顺利过渡到全新工作方式的关键。

（二）培训是文化变革中的核心需求

对于转型过程中出现的核心新技能需求，曾经耗费心血的培训计划开始发挥作用。培训的时间应该与变革的时间相呼应，通常在变革之前。例如，员工需要经过相关培训才能应付新工作流程或新的信息技术系统。

许多企业都设有业务培训部门和人力资源学习发展部门，转型期可以利用这些部门制订和提供所需的培训。根据培训的性质和深度，这些部门或许需要短期外部培训服务提供支持，通常可以采用"培训师特训"这种方法，由培训团队为部门经理提供培训，后者再对下属员工进行培训。除了有助于大规模推广之外，这种方法还能让承担变革和带领团队的各位管理人员参与，从而强化整体的变革信息。

麻江访谈录之《管理变革如何不起烦恼？》

王京刚：林局长，其实很多企业的员工们都不是以主动的心态来工作的，都是被动的、不情愿的。在企业的变革过程中，可能这些人觉得自己是"被针对"的，这会给推动变革的人和企业带来很大的困难，这种困难要怎么解决呢？

KPI 自主绩效

贵州电网：凯里麻江供电局数字化建模与绩效模式观察

林江华：只要是进行变革的企业都会遇到这样的问题。麻江也遇到过，在我遇到员工或者被执行者、被改变者不接受或者抵抗的时候，我有几个方法。

我们都知道对员工激励有四个阶段：物质激励—目标激励—情绪激励—意志激励。

第一层是物质激励。在肉体层面，我给他指令，让他必须做。他在工作的过程中并没有用心，只是机械性地把任务完成，偶尔还会有些抱怨。相应的激励措施就是物质的奖励，这是最浅层的，而且所有企业都在运用这种激励措施，这其实是不够的。

第二层是目标激励。在这一层面，需要员工能够一直学习，一直成长，让他的能力拓展。其实，企业给每个员工的最大福利就是能够在工作平台上更好地提升和学习，更好地充实自己。所以，如果企业的管理变革让他的物质和目标得到满足，他的回应就是支持的，反之他就会有抵触。

第三层是情绪激励。在情绪激励这个层面，我们需要给员工的激励是尊重他，让他作为主角，让他成为主体，成为创造力的源泉，就跟我们变革所做的自主经营模式一样。我们不仅是单向地要求他怎么做，还要同时听听他有什么好的想法、建议，这中间要有双向的交流。当他成为主角的时候，那种被尊重、被需要、被感谢的感受就能在他的情绪中生起，要求他做就变成了他要做。

第四层是意志激励。意志激励跟企业文化有关系，如果员工和企业有共同的愿景，认同企业文化，他就深知做这件事情的深远意义。在这个层面上，他就会发自内心地非做不可了，会投入整个身心去做。

王京刚：那在持续推动变革的过程中，旧的问题被解决了，但新的问题又出来了，怎样以平常心去接受不断冒出来的新问题？

林江华：不光是在变革的过程中，其实就算是推行一项新的制度都会有这种问题出现。怎样能以一个平常的心态去面对这些问题呢？就是在问题出现的时候，在心里说一句"知道了"。

心里烦的时候，有声音会告诉你"我烦死了，我疼死了"，不管是谁在你的心里说，你都跟那个人说："知道了。"不管你心里多烦，你只说"知道了"，不要说"我帮你"，或"我要战胜你"。因为往往害怕是恐惧的源头，问题是源源不断的，这三个字会让你的大脑变得清净，让自己冷静下来，事后再一件件地去解决。这样才能以一个平常心去解决问题，让思路条理化、清晰化。

第四节 国企改革的方向：实现追求价值法则

一、麻江模式对国企绩效薪酬改革的借鉴意义

成功源于实干，祸患始于空谈。麻江县供电局正是在不断摸索中找到了自己的干法和活法，以高标准和严要求为准则进行工作。"万家灯火，南网情深"不仅仅是一个口号，而是麻江县供电局所有员工的工作指向，是麻江县供电局所有员工的核心价值观。

（一）为什么有的企业绩效变革寸步难行

麻江县供电局以"激活人、激活组织"作为管理的出发点，并不是一两天形成的，而是企业的经营管理者和员工日复一日地践行、考核出来的。泰勒的《科学管理》中将能提高效率的专业分工和标准化操作作为重点，却没有考虑员工作为人的属性。中国的企业在引进美国式或日本式等西方的管理模式时，并没有让企业得到长足的进步。

只有员工和企业拥有共同的目标和价值观时，才能心往一处想，劲往一处使，企业绩效变革才能成功，才能得到持续的发展。

（二）完成自主绩效变革的四大转变

1. 组织与员工的适应性调整

自主绩效变革的方式本质上是内向型的，是对内完善机制和管理方法的思想和工具，更加适合渐趋成熟阶段的企业应用。在这个阶段，企业暗中发生各种变化，无论是组织还是个人，都在学会自我管理。

2. 从机会导向转向战略导向

电网企业发展到现阶段，占成功因素主导地位的仍然是机遇和外部资源。因此，获取机遇和掌握更多的外部资源，事实上左右着企业最高层的工作方向。很多企业，特别是国有企业，看似强调内部管理和人力资源的重要性，不断引进各类管理理念和工具，其实质仍然是从外部获得机会和资源。但是，这种情况已经在悄悄发生变化，内在的竞争力才是核心的、可持续的竞争力，这个事实和规律已经逐渐得到更广泛和深刻的认识。

3. 从单一追求成长规模转向规模与成长质量并重

电力企业必须面对从粗放的"渔猎社会"到精耕细作的"农耕社会"的转变。中国经济几十年的高速发展一直是靠粗放的资源高投入、人海战术、牺牲各阶层劳动者（包括高层管理者）的生活品质获得的。这种发展模式不可能长久维持下去。中国企业提供的产品和服务存在极难掌控的特点，其中非常关键的原因，就是不注重内部管理，没有真正地关注量利平衡，没有向结构优化要效益，没有真正关注人的因素。"企业文化""以人为本"的口号已经沦落为低俗的自我推销手段。如果要评选目前中国企业应用最普遍的管理方法，毫无疑问就是"口号管理""概念管理"。企业界喊口号，理论界炒概念，已经到了泛滥的地步。

4. 从"政治家"转向"职业经营者"

职业经营者素质要求如图 7-4 所示。面对剧烈变化的环境，电力企业领导者需要时时反思自己的品格、个性、能力和习惯，需要从个人的成功转向团队的成功，有意识地进行自我革命和重塑，加强领导力建设。

包容与开放的心态
理解宽容，相互尊重，对不同文化的价值观持开放的态度，能够敏锐地发现其中的差异。

持续学习树立终身学习的观念，自己积极学习新的知识和技能，同时与他人分享学习经验，在组织内部建立学习型组织，最终不断提高工作质量和效率。

领导能力
具有感召力和影响力，具有使下属信服、赞同和追随的能力。

职业经营者素质要求

创新能力不受陈规和以往经验的束缚，创造或引进新理念、新方式、新产品，不断改进工作学习方法，提高组织的工作和绩效，以适应新观念、新形势的发展要求。

成就动机
个人具有成功完成任务或在工作中极力达到某种标准，愿意承担重要的且具有挑战性的任务。

决策力
能够依据形势，作出恰当、合理、及时和实际的判断并采取行动支持决策。

图 7-4 职业经营者的素质要求示意图

电网企业高层管理者的适应性调整包括两部分：本源性目的的转变和资源分布的转变。实现这样的转变，一是需要高层管理者从仅关注外部到内外并重——并不是形式上的转变，而是实质上的转变，即文化和价值观的变革不是做给外部看的，不是"面子工程""公关手段"和

"营销策略";二是需要高层管理者从"政治家"向"职业经营者"转变,从闯世界的"男人"向居家的"女人"偏移,把更多的时间和精力放在内部管理上。

(三)以术、道、器组合框架的变革路径

海日生残夜,江春入旧年。

宇宙中有很多星系,星系由恒星、卫星、行星等组成。这些星球按照一定的规律、秩序、方式在运动,各星系也按照一定的规律、秩序、方式运动着,并相互作用。人体有运动系统、神经系统、内分泌系统等八大系统。每一个系统由各种器官组成,也是按照一定的规律在协调、配合,相互作用。在麻江县供电局此次变革中,"术"为管理模式,是自主绩效的积分管理模式;"道"为文化与价值观的变革;"器"为信息化的管理变革。

1. 企业变革之"术"——为组织变革保驾护航

"术"即战术,是实现战略的战术、技术、具体的手段,是执行层面的操作方法,它是一个管理模式从想法变成现实的关键环节,是一系列变革的保障体系。

数字化转型将会启动一个全新发展的时代,而它带来的行业变化、体验优化、技术应用的不断深化会让企业不断强化对它的理解。阿里、京东等企业都在布局新零售。当马云在2016年的"云栖大会"上就已经提出纯电商时代已经走远,新零售市场正在来临时,很多人不以为然。而经过了几年的发展,大家越来越感受到马云当年判断的正确性。

从主动满足用户的需求到反向作用于整个行业,再让行业去满足用户的需求,成为该时代的根本特征。进入数字化时代后,国企变革的方向也应将大数据、智能化等技术的发展应用到变革中去。

2. 企业变革之"器"——做好信息化顶层设计

信息领域的软硬件技术都在以迅雷不及掩耳之势快速发展，正如蒸汽机的出现标志着工业革命开始一样。在当前全社会都在推行"互联网""大数据""物联网"的环境下，中国大部分行业都已经过了以前的粗犷式发展的阶段，转入了向管理要效益的时期。国企如何借助这轮浪潮，构建增强企业核心竞争力、提高经济效益的现代企业信息化管理体系，对每个组织而言都有着现实且深远的意义。

国企因本身的格局和视野较为宽广，难免其中会有些企业盲目追求"大而全"，想"一步到位"，实现"跨越式发展"。基于这样的想法进行的信息化变革脱离了实际，应用效果会大打折扣。要想做好企业化顶层设计就必须懂得"总体规划、分步实施"的原则。

总体规划——在信息化方案设计时要充分分析所属各企业、各部门的需求，尤其是企业基础数据必须统一规划，并制订相应标准。既要考虑不同企业的个性化需求，又要统筹共性需求。如果信息化仅仅是针对某个部门或者某个组织进行的需求建设，则会造成数据多源头、口径不一致、数据汇总困难、信息孤岛等诸多问题。

分步实施——在试运行阶段，先找几个有代表性的项目进行，逐步磨合、优化调试，后在试点项目平稳运行后择机推广。

3. 企业变革之"道"

文化与价值观的管理变革既可以视为一种管理哲学，也可以视为一种管理实践，其主要作用体现在能维持一个组织的核心价值观，并使其与组织的战略目标结合起来。

在逆势中寻求成长，尤其是在每一次危机与变革时代，要坚守价值体系，回归到文化与价值观的坚守。麻江县供电局在时代、行业和管理模式"三座大山"的挑战下，积极应对，毫无畏惧，在危机变革时代催生了企业界争相效仿的"麻江模式"。追根究底，这取决于企业经营者和高层领导者是否真正能够坚定信念和追求，坚守企业的文化之道和核心价值观，坚信企业的磨难后的成长。

中国40年改革开放的历程证明：我们身为中国人，身为国企人的优势就是思想和精神的优势、文化的优势、价值观的优势。

"道不可空论，德不能空谈"，头上有星空万里，低头是脚踏实地。善于顺应时代潮流的管理者会顿悟毛主席的教导：世界上最伟大的事业，就是为人民服务。

二、未来企业的新动能

企业的转型升级，本质上是人的转型升级，是企业经营者与人才队伍的观念更新以及能力的升级换代，是人的创新创业激情的重塑。

（一）响应时代召唤，寻找绩效价值导向

企业的绩效文化价值取向与考核指标设计导向是组织、团队、个体行为的指挥棒与内在牵引约束机制。中国经济和企业在单一追求量的规模发展阶段，从宏观经济层面上看，单一追求GDP的绩效发展观，带来了社会资源的巨大浪费与对环境的破坏；社会财富急剧增长的同时，带来了社会收入分配的不公，贫富差距的悬殊，社会矛盾的激化。从企业的层面上看，单一地追求规模成长，忽视了有质量的成长，企业规模越大，盈利能力越差；单一的股东价值最大化绩效导向，忽视了相关利益者的价值，尤其漠视了客户价值与人才价值，使不安全、不环保、不健康的产品充斥于市场；单一的短期结果考核指标忽视了企业的长期发展，使企业的成长不具可持续性；单一的财务硬绩效考核指标忽视了人才、技术、管理、品牌等软实力绩效指标，使企业创新能力低、产品附加价值低，全球竞争力不足；单一的KPI与控制型绩效管理体系抑制了组织活力的激发和人才的创新。

在时代转变速度过快的情况下，国企能否真正转型升级，关键在于能否走出过去成功的绩效价值陷阱，变革与创新绩效价值取向与文化，构建适应品质发展时代的新绩效文化与绩效管理体系。

（二）激发组织活力，弘扬人才创新

数字化时代，企业战略成长的驱动力在于人才与创新驱动，而要实现创新与人才驱动，除了加大对技术创新与人才的投入外，最关键的是通过组织变革与人才机制创新使组织始终充满价值创造活力，并为高素质人才提供充足的人才创新创业的动力和机会。

目前中国绝大多数企业的组织模式与人才机制还是以金字塔式的科层官僚组织模式为主，人在组织中不是价值创造主体而是工具。而麻江县供电局早已变金字塔为倒金字塔，扁平化和去中心化的业务流程将组织与用户的距离拉近，打造了贴身于用户群的敏捷性组织。

三、未来企业需要有主人翁意识的员工和企业家精神

（一）让有主人翁意识的员工打造企业领导力

要推动团队领导力和企业员工领导力的转型与升级，打造适应互联网和新零售时代的新领导力，就要赋予新使命，肩负新责任，打造新能力。

1. 拥有新使命

第一，员工要与企业统一思想，目标高远，使命驱动，坚守并践行公司核心价值观与目标追求，成为企业价值观的率先垂范者。第二，员工要自我批判、自我超越，有正确的自我认知，永葆事业激情，要不安于现状，不图享乐与工作安逸舒适，具有持续奋斗精神。

2. 拥有新责任

企业家要有变革创新的责任担当，自我批判的品格，不回避问题，敢于批评与自我批评，面对机遇与挑战敢于拍板和决策，敢担责。

3. 拥有新能力

要致力于培育和发展适应新零售与互联网时代的新领导力，包括愿景与数字化领导力、跨界与竞合领导力、跨部门与跨团队融合创新领导力、跨文化与全球领导力等。

（二）企业家需要的核心精神

"国以一人兴，以一人亡"，企业往往因为企业家、企业领导者而发展壮大，但同样，也会因为企业家、企业领导者而从成功的巅峰跌入凄惨的谷底。

稻盛和夫在《企业家精神》一书中提到一个企业家应有的几个特质：确定光明正大又意义深远的视野；树立自始至终与员工拥有共同的目标；让心中强烈的愿望渗透到意识之中；做不显眼的工作，坚持不懈努力；充满斗志；处事有勇气；拥有一颗为他人着想和诚实的心；始终保持开朗，抱有理想和希望，以朴实之心从事经营。

从这些特质中不难看出，企业家精神是每个有事业心的经营者、管理者所面对的光荣和理想，是企业家队伍所渴求的精神动力。

1. 国有企业文化变革的方向

国有企业不同于私有企业，国企的员工和管理者作为企业的主人翁参与企业的决策、管理、运行、经营的方方面面，甚至参与社会活动的方方面面，因而不存在依附性、压迫性的人和人的关系，在人和人的关系上是平等的。

"愿景"、"使命"与"人格"是企业经营对企业家提出的三个要求。"光明正大追求利润""贯彻公平竞争的精神""重视公私分明"，用优秀的经营哲学从事企业经营，这是事业发展、企业持续繁荣最为关键的一点。

如果说国企在高度竞争性的市场环境中能突出相对于私有企业的整体性优势，那么就要激发员工的主人翁意识和主体能动性，让员工——从高级管理者到中层干部再到基层工作人员，都焕发出高度的觉悟。麻江县供电局就是引入"班长的战争"、"共享制抢单思维"、"创客思维"下的"自主经营"，唤起员工的主人翁意识。当他们以有觉悟的主人翁的态度参与企业的规划、生产、经营、管理、组织等环节时，就克服了因抑制人的私利和私欲而带来的效能低下、动力匮乏等问题。

2. 怎样的精神才叫"企业家精神"

传递价值观比传递财富更重要

大学之道，在明明德。作为一个今后可能会对社会产生影响的人，在追求自己私利的同时，首先要明白自己的社会责任。尤其是以国企为例的企业家，要明白作为一个社会道德载体应该具有的行为规范。只有这样，才能使企业家面临具体问题，在采取行动或决策时，能考虑是否符合法制、是否有悖人伦、是否遵循道德。这样才能使个人行为、企业行为不背离大道，获得真正的"盈利"。

职业信誉是诚信的基础

所谓企业家职业信誉，就是对企业家经营能力、经营业绩的评价，是一种具有相当价值的无形资产。它由企业家的职业道德、职业经验、职业能力、职业业绩等要素组成。信誉决定了其在企业家市场上的位置。

受人信任的管理者会言行一致，以负责的态度完成每一件事。每个领导都需要跟随者，跟随也是一种信任行为。《第五代管理》中说："怀疑和不信任是公司真正的成本之源。"让管理者亲和于人，让管理者与员工心理距离缩短，让管理者与员工在彼此无拘无束的交流中互相激发灵感、热情与信任。

境界是企业家的一种"道"

庄子说："夫道，于大不终，于小不遗，故万物备。广乎其无不容也，渊乎其不可测也。"一名企业家要想成为真正的精神领袖，没有近乎道的精神力量，终其一生都可能深陷于名和利的旋涡中。

无求品自高。人会随着财富的增长、自身身份的变化有所改变，但有些常理、本分的东西永远不会变。要想把企业做得长久，不仅责任意识很重要，境界也很重要，它与企业经营并不矛盾。当企业承担一定的社会责任和众多挑战时，能靠这些渡过更多的难关。

本章小结：

1. 本章讲述了麻江县供电局的文化与价值观的变革之道，并且在施行过程中坚持沟通与组织文化变革双管齐下、推陈出新。

2. 本章讲述了以麻江县供电局为例的成功变革应如何引领国企变革潮流，如何正确运用"四大转变"与"术道器"的组合框架。

参考文献

[1] 任鑫苗. 把公司做小, 把客户做大: 移动互联网时代的新型企业运营模式 [M]. 北京: 金城出版社, 2019.

[2] [美] 塔玛拉·钱德勒. 绩效革命: 重思、重设、重启绩效管理 [M]. 孙冰, 陈秋萍, 译. 北京: 电子工业出版社, 2017.

[3] 黄卫伟. 以客户为中心 [M]. 北京: 中信出版集团, 2016.

[4] 曾伟. 苦中得乐: 管理者的第一堂必修课 [M]. 北京: 中国经济出版社, 2015.

[5] 王磊. 有效制订年度经营计划 [M]. 北京: 机械工业出版社, 2010.

[6] 许进超. 新型电力公司人力资源管理研究 [M]. 北京: 新华出版社, 2017.

[7] [美] 维奈·库托, [美] 约翰·普兰斯基, [美] 德尼斯·卡格拉. 重塑增长 [M]. 普华永道思略特管理咨询公司, 译. 北京: 机械工业出版社, 2017.